ENERGIA DO PODER

Editora Appris Ltda.
1.ª Edição - Copyright© 2022 do autor
Direitos de Edição Reservados à Editora Appris Ltda.

Nenhuma parte desta obra poderá ser utilizada indevidamente, sem estar de acordo com a Lei nº 9.610/98. Se incorreções forem encontradas, serão de exclusiva responsabilidade de seus organizadores. Foi realizado o Depósito Legal na Fundação Biblioteca Nacional, de acordo com as Leis nºs 10.994, de 14/12/2004, e 12.192, de 14/01/2010.

Catalogação na Fonte
Elaborado por: Josefina A. S. Guedes
Bibliotecária CRB 9/870

A447e
2022
	Almeida, Eduardo Saturnino de
	    Energia do poder / Eduardo Saturnino de Almeida.
	    1. ed. - Curitiba : Appris, 2022.
	    219 p. ; 23 cm.
	
	    ISBN 978-65-250-2465-3
	
	    1. Poder (Teologia cristã). 2. Gratidão. 3. Controle (Psicologia). I. Título.
	
	                                                                      CDD - 248.4

Editora e Livraria Appris Ltda.
Av. Manoel Ribas, 2265 - Mercês
Curitiba/PR - CEP: 80810-002
Tel. (41) 3156 - 4731
www.editoraappris.com.br

Printed in Brazil
Impresso no Brasil

Eduardo Saturnino de Almeida

ENERGIA DO
PODER

FICHA TÉCNICA

EDITORIAL	Augusto V. de A. Coelho
	Marli Caetano
	Sara C. de Andrade Coelho
COMITÊ EDITORIAL	Andréa Barbosa Gouveia (UFPR)
	Jacques de Lima Ferreira (UP)
	Marilda Aparecida Behrens (PUCPR)
	Ana El Achkar (UNIVERSO/RJ)
	Conrado Moreira Mendes (PUC-MG)
	Eliete Correia dos Santos (UEPB)
	Fabiano Santos (UERJ/IESP)
	Francinete Fernandes de Sousa (UEPB)
	Francisco Carlos Duarte (PUCPR)
	Francisco de Assis (Fiam-Faam, SP, Brasil)
	Juliana Reichert Assunção Tonelli (UEL)
	Maria Aparecida Barbosa (USP)
	Maria Helena Zamora (PUC-Rio)
	Maria Margarida de Andrade (Umack)
	Roque Ismael da Costa Güllich (UFFS)
	Toni Reis (UFPR)
	Valdomiro de Oliveira (UFPR)
	Valério Brusamolin (IFPR)
PRODUÇÃO EDITORIAL	Isabela Calegari
DIAGRAMAÇÃO	Yaidiris Torres
CAPA	Sheila Alves
COMUNICAÇÃO	Carlos Eduardo Pereira
	Karla Pipolo Olegário
LIVRARIAS E EVENTOS	Estevão Misael
GERÊNCIA DE FINANÇAS	Selma Maria Fernandes do Valle

Dedico este livro a todas as pessoas jovens, especialmente às crianças e aos adolescentes, ou seja, às filhas e aos filhos dos adultos, para que cresçam com as informações necessárias para o controle e o direcionamento de suas vidas, entendendo e sabendo que existem ferramentas que propiciam sucesso geral, para atingir e conseguir uma boa manutenção da vida prática, diária e rotineira.

Aos pais, sugiro que além de aproveitar o conteúdo, apresentem este livro aos seus filhos, para que eles vivam e cresçam mais preparados, com as respostas que nós sempre tivemos tanta dificuldade de conseguir.

AGRADECIMENTOS

Quero agradecer, primeiramente, ao Criador, fonte de energia, poder e sabedoria, por tudo o que fez e faz e por ter me permitido e oferecido este conhecimento.

Quero agradecer à minha vida, à minha saúde e ao meu corpo saudável, que me possibilitaram chegar até aqui.

Obrigado aos meus pais, particularmente à minha mãe.

Obrigado também a todas as pessoas, especialmente aos meus antepassados, à minha família, aos amigos, aos colegas e àquelas pessoas que de alguma forma foram significativas para o meu desenvolvimento e minhas conquistas.

Agradeço também de forma muito carinhosa à minha leal companheira, Cláudia Gatti, por sua inestimável presença.

Assim como a confiança de um pássaro não está no galho da árvore em que ele pousa, mas sim no potencial concentrado nele mesmo e na força de suas asas, você deve confiar no seu próprio potencial de atuação e transformação, não se deixando influenciar ou dominar pelas situações adversas ao seu redor, por mais que elas pareçam incontroláveis.

APRESENTAÇÃO

Encontrei em *Energia do Poder* o melhor título para exprimir em palavras a essência da teoria que tenho a humilde tarefa de apresentar neste livro.

Esta narrativa pragmática pretende, humildemente, dar uma explicação clara e simples para as circunstâncias pelas quais a vida tem seus desdobramentos.

O foco desta obra está lastreado nas coisas possíveis e que podem ser vivenciadas, em geral, por todas as pessoas. Vamos tratar sobre os acontecimentos da vida em todos os seus aspectos, como família, felicidade, amor, sucesso, riqueza, saúde, amigos, caminhos, encontros, trabalho, emprego, carreira, prosperidade, alegria, diversão, viagens, inteligência, propostas, relacionamentos etc.

Propositadamente, foram usadas somente palavras que representam situações boas e positivas, porque a vida pode ter, sim, sua configuração baseada em acontecimentos bons, agradáveis e gratificantes.

Todas as palavras positivas que usei têm suas respectivas contrapartidas negativas, mas elas foram suprimidas também, propositadamente.

Eu sei e você também vai saber que é perfeitamente possível afastar fatos e situações ruins da sua existência, fazendo com que coisas ruins, ou muito ruins, não façam parte da sua trajetória e da sua vida.

Eu procurei ser simples na abordagem e na narrativa utilizada, assim, tanto a dinâmica quanto o conteúdo, são transmitidos de forma simples, para tornar o aprendizado e a aplicação também simples.

Nesse sentido, entenda que é tudo simples, preste atenção e não tente complicar.

Simplesmente conheça o conteúdo, confie que é possivel, aplique a teoria e as ferramentas apresentadas e comprove.

SUMÁRIO

CAPÍTULO 1
APENAS UM MENINO 15

CAPÍTULO 2
EVIDÊNCIAS... 23

CAPÍTULO 3
ACONTECEU COMIGO 26

CAPÍTULO 4
COMEÇOU A DAR CERTO 30

CAPÍTULO 5
ELE VEM 32

CAPÍTULO 6
ENQUANTO ISSO 36

CAPÍTULO 7
VIDA QUE SEGUE 40

CAPÍTULO 8
MUDANÇAS TAMBÉM PARA NÓS.............................. 43

CAPÍTULO 9
AS COISAS SE AJEITAM....................................... 47

CAPÍTULO 10
A BUSCA 50

CAPÍTULO 11
UM POUCO DE HISTÓRIA 55

CAPÍTULO 12
VOCÊ PODE 59

CAPÍTULO 13
SISTEMA ORGANIZADO UNIVERSAL – SOU 65

CAPÍTULO 14
NOSSAS ESCOLHAS 72

CAPÍTULO 15
UM POUCO MAIS DE ENERGIA 75

CAPÍTULO 16
AS ESCOLHAS NO TEMPO 83

CAPÍTULO 17
AS PALAVRAS 88

CAPÍTULO 18
DETERMINAÇÃO 94

CAPÍTULO 19
O CRIADOR E A CRIAÇÃO 99

CAPÍTULO 20
A FONTE DA ENERGIA 108

CAPÍTULO 21
O BEM E O MAL 111

CAPÍTULO 22
O AMOR 121

CAPÍTULO 23
MEDO, O LADRÃO DA ALEGRIA 128

CAPÍTULO 24
CÓDIGO ENERGÉTICO 138

CAPÍTULO 25
A MENTE E O CÉREBRO 144

CAPÍTULO 26
O MOMENTO ANTERIOR 149

CAPÍTULO 27
A LEI DA ATRAÇÃO 152

CAPÍTULO 28
MANIFESTAÇÃO 157

CAPÍTULO 29
TRANSPARÊNCIA 160

CAPÍTULO 30
GRATIDÃO 164

CAPÍTULO 31
VOLTANDO À MINHA HISTÓRIA 178

CAPÍTULO 32
CONTINUANDO MINHA HISTÓRIA 184

CAPÍTULO 33
A NOVA FASE 188

CAPÍTULO 34
A MORTE 191

CAPÍTULO 35
TEORIA GERAL DA ENERGIA DO PODER................ 195
   1 – O Poder vem de Deus 196
   2 – O poder se constitui de energia 198
   3 – O poder se instala na mente 198
   4 – O poder se manifesta por meio das palavras 200
   5 – O poder se fortalece pela gratidão 201
   6 – O poder se intensifica com a confiança 203
   7 – O poder se orienta no bem 205
   8 – O poder se baseia no seu interior 209

CAPÍTULO 36
CÓDIGO ENERGÉTICO 212

ENCERRAMENTO 216

CAPÍTULO 1
APENAS UM MENINO

Minha história se parece com a história de muitas outras pessoas.

É uma história de luta, de estudo, de trabalho e também de sucesso.

Minhas primeiras lembranças existenciais começam em 1970, a partir dos meus dez anos de idade, justamente a idade que eu tinha quando os meus pais se separaram. Meu irmão mais velho tinha treze e o mais novo cinco anos.

Logo após a separação dos meus pais, fui levado a morar com meus avós portugueses, Rosa Colasso e Manoel Cardoso, pais da minha mãe, Maria Apparecida Cardoso.

Passei a viver lá porque a situação na minha casa ficou muito difícil e essa foi uma forma de amenizar os problemas. Minha estada durou apenas um ano e então voltei a morar com a família que eu sempre conheci, composta de minha mãe e meus três irmãos.

Tivemos uma mãe guerreira que logo percebeu que seria ela quem teria que trabalhar para sustentar a família, por isso meus irmãos e eu acabávamos ficando sozinhos em casa. Minha mãe acordava às quatro da manhã para trabalhar numa empresa frigorífica. Ela foi uma mulher que enfrentou todas as dificuldades com muita garra, assumindo sem um companheiro toda a responsabilidade de criar os quatro filhos.

Foi uma época difícil para todos nós, mas conseguimos atravessar todos os percalços com determinação e dignidade, traços característicos naturais da nossa família que sempre cultivamos e mantivemos entre nós.

Cada um tentava se cuidar e cuidar do outro. Acho que você pode imaginar quatro moleques sozinhos em casa. Tínhamos um quintal grande. A gente era livre para brincar e brincávamos mesmo, em casa e na rua.

Lembro que, pelos meus treze anos, minha mãe me comprou uma "sucata" de bicicleta, que eu fui consertando com o dinheiro que recebia pela venda de ferro–velho que eu pegava pelas ruas e com o lucro dos amendoins que eu vendia na porta da fábrica da Villares. Minha pré-adolescência, embora com poucos recursos, foi normal, bem tranquila e feliz. Nessa época, minha vida se resumia a ir à escola, catar ferro-velho na rua e andar de bicicleta.

Aos dezesseis anos, em função de obras de saneamento básico da Sabesp, nossa casa foi desapropriada. Para nós, isso foi bom, porque morávamos à beira de um rio que sempre enchia, transbordava e causava enchentes, que eram recorrentes.

Com a desapropriação, meus pais receberam dinheiro. Com sua parte, minha mãe comprou um modesto apartamento construído pelo antigo Instituto de Aposentadoria e Pensões dos Industriários (IAPI), também em Santo André.

Foi uma boa mudança e me senti feliz por isso.

Um ano depois, minha mãe, que também tinha trocado de emprego e então trabalhava no Fórum de Santo André, conseguiu para mim uma vaga na antiga Companhia Telefônica Borda do Campo (CTBC), onde eu ocupei a função de operador de máquinas copiadoras.

Lembro-me de um colega, o Paixão, que trabalhava comigo no porão do prédio, onde também ficavam as moças que contavam e embalavam as fichas telefônicas. Naquela época, as chamadas em telefones públicos eram feitas com uso de fichas telefônicas. Essas fichas eram recolhidas e trazidas pelos técnicos da telefonia em seus fuscas de trabalho.

Eu era fascinado por carros e queria aprender a dirigir. Por causa do meu fascínio por carros, gostava de entrar nos carros da empresa, ligar o motor e acelerar.

Um dia, por causa da minha imperícia, bati um carro no outro e aquilo me complicou. Comecei a pensar que poderia ser demitido e fui demitido mesmo.

Esse acontecimento me deixou meio perdido por um tempo.

Eu senti muito, porque aquele era o meu primeiro emprego, tinha um bom salário e, além disso, eu não tinha um futuro profissional, pois nunca quis ser metalúrgico como meu pai e meus irmãos, daí, fiquei desempregado.

Minha mãe estava indignada por eu não trabalhar e me cobrava uma atitude dizendo:

— Vai trabalhar, vai procurar um emprego!

E eu respondia:

— Trabalhar do quê, mãe?

— Ajudante de pedreiro, cobrador de ônibus, qualquer coisa — dizia ela.

— Não mãe, trabalhar nessas funções eu não vou mesmo.

Iludido e ambicioso, eu dizia que queria ser um gerente, ter qualquer outro cargo bom ou ter meu próprio negócio. Esse comportamento, essa visão, era um tipo de ambição que misturava pretensão, vontade e determinação.

Paralelamente, eu me perguntava o porquê eu tive que passar por aquilo, ou seja, por que eu tinha que ter batido o carro e ser demitido. Eu achava injusto, mas não esbravejava nem blasfemava.

Naturalmente, esses meus pensamentos eram baseados na minha falta de conhecimento sobre como as coisas funcionam, mas por outro lado, eu sempre me considerei "diferente" em vários aspectos. Já me peguei pensando algumas vezes que não faço parte deste planeta. Digo isso também pelo modo bom como vejo e encaro as pessoas e os relacionamentos entre as pessoas. Para mim, todos são iguais. Quero dizer, todos deveriam se tratar com urbanidade, respeito, transparência e igualdade, vendo o outro como um semelhante, não um desconhecido.

Sou bastante inteligente, mas também sou muito ingênuo e autêntico.

Por outro lado, pelo que percebo, eu não costumo sentir "sofrimento" e, mesmo passando por momentos difíceis, não consigo considerar que tive "sofrimentos" durante a vida. Acho que isso se baseia na forma como eu encaro a vida, por eu ter boa vontade e otimismo.

Por isso, sem rumo certo e sem emprego, mas sempre com bom comportamento e otimismo, vivi e encarei essa fase difícil com naturalidade. Lembro que eu nunca fui de reclamar.

Na minha rotina daquela época, era comum eu sair de ônibus, à tarde, para passear no centro da cidade. À noite, eu cursava o segundo grau em um colégio público estadual.

Eu tinha bons amigos e, entre eles, uma vizinha que morava no prédio da frente, a Renata. Ela gostava de mim e me emprestava sua moto novinha, uma Honda CG 125 78.

Eu tive também outro vizinho, um senhor suíço, bem mais velho, que me pagava para eu dirigir o carro dele e eu, que já era habilitado, adorava aquilo. Ele também colaborou com a minha formação, pois me dava bons conselhos.

Aos dezenove anos, eu consegui um emprego de auxiliar de contabilidade em uma fábrica de discos chamada Copacabana.

Um ano mais tarde, considerando que o salário que eu ganhava era pouco, comprei uma máquina de assar frangos, que ficava instalada em um bar na periferia da cidade de Santo André. Naquela época, eu trabalhava durante o dia, estudava à noite e, nos finais de semana, eu vendia frango assado.

Depois de alguns meses, saí da fábrica de discos e fiquei só vendendo frango assado aos sábados e domingos.

As lembranças dessa fase são muito boas, pois minha vida ficou bem legal. Eu considerava que minha renda era boa, então eu não trabalhava durante a semana e só passeava.

Com mais dinheiro, consegui comprar uma moto Honda 125 usada. Lembro-me do frio que eu passava andando nela. Sempre gostei de andar de moto e do espírito aventureiro das motocicletas. Ando de motocicleta até hoje.

Aos vinte e um anos de idade, eu comecei a namorar uma moça chamada Regina, que não concordava com aquele meu estilo de vida e me incentivou a procurar emprego em um Banco. Eu ainda não sabia, mas minha vocação era trabalhar na área administrativa e com vendas. Eu tinha facilidade com digitação, gostava de falar, falava bem e gostava de lidar com pessoas.

Procurei alguns Bancos e preenchi algumas fichas de candidato a emprego e, após eu ter trabalhado como motorista de perua Kombi na Bilhares Bezerra, ser auxiliar de contabilidade na Copacabana, operador de telex na Chrysler, manobrista de um estacionamento, empacotador na Eletro-Radiobrás, vendedor de TV na Mesbla e vendedor de frango assado no Bar do Seu Zé, consegui me acertar profissionalmente, pois em setembro de 1982 comecei como caixa do Banco Nacional.

O Banco Nacional foi muito bom e importante para mim, pois a partir daquele emprego a minha vida só melhorou. No Banco Nacional eu arrumei meus dentes, que eram ruins, troquei minha moto por um fusca, depois uma Brasilia e depois um Puma, conheci a Cláudia, e foi também quando comprei minha primeira casa.

Ao escrever essas histórias, é interessante lembrar que eu sempre me senti feliz e sempre encarei a vida de frente, com boa vontade e otimismo. Sinceramente, não me lembro de reclamar de nada.

Mesmo sem ser muito fã de matemática, eu prestei vestibular para o curso de Economia no IMES em São Caetano do Sul.

Cursei apenas um ano, mas aprendi com o grande professor Ramon duas importantes lições que levei comigo:

1 – Só o trabalho gera riqueza.

2 – Só existem duas coisas que se valorizam: terrenos e obras de arte.

Com relação às obras de arte, embora eu goste muito, não adquiri nenhuma experiência, mas ao longo dos anos, pude comprovar, na prática, que só o trabalho gera riqueza e que terrenos realmente valorizam.

Eu conheci, na faculdade, o médico João Lázaro, que prestava atendimento e assistência aos alunos e que acabara de comprar uma padaria. Ele me convidou para trabalhar na padaria e eu, por já ter terminado o namoro com a Regina e por ter decidido abandonar o curso de Economia, aceitei.

Eu trabalhava no Banco das oito às duas da tarde e na padaria das três da tarde às onze da noite. Um ano depois o médico vendeu a padaria e eu fiquei sem aquele emprego, mas, como eu tinha o emprego no Banco, ficou tudo bem.

No início de 1985, quando eu estava me aproximando de completar vinte e cinco anos de idade e com quase três anos como caixa, comecei a me questionar e um pensamento, que talvez não fizesse muito sentido, começou a aparecer na minha cabeça:

"Eu vou fazer vinte e cinco anos e não sou nada?"

Naquela mesma semana, conversei com o meu chefe, o tesoureiro da agência, e perguntei a ele o que eu precisaria fazer para ser promovido a subgerente. Ele me explicou que eu precisaria vender os produtos do Banco.

Eu, que sempre fui comunicativo e não tinha vergonha de oferecer os produtos, comecei a vender títulos de capitalização, seguros e previdência privada para os clientes. Três meses depois, por causa do meu bom desempenho, fui indicado para uma reunião de promoção, na matriz do Banco Nacional, que ficava em um prédio localizado na esquina da Avenida Paulista com a Rua Augusta, em São Paulo.

Para a reunião, sentavam-se a uma enorme mesa oval todos os candidatos à promoção e, na ponta da mesa, o diretor regional do Banco, além de psicólogos e outros gerentes.

Para as reuniões, que eram realizadas à tarde, serviam cordialmente, whisky.

Ali nós éramos convidados a falar sobre nós mesmos, nossa vida e sobre o Banco. Todos poderiam e deveriam falar sobre o que quisessem ou tivessem vontade.

Aquilo tudo era muito novo para mim e eu, inexpressivo, voltei da primeira reunião sem a promoção. Contudo, eu pedi ao meu gerente geral uma segunda chance e ele me deu.

Dessa vez eu fui mais preparado e ensaiei um texto, conforme me orientou o tesoureiro. Nem preciso falar o que aconteceu.

Aos vinte e cinco anos, fui promovido a subgerente do Banco Nacional S.A. Fiquei muito feliz e muito orgulhoso de mim mesmo por aquela conquista.

Fui designado para exercer a nova função na melhor agência da região, na Rua Marechal Deodoro, em São Bernardo do Campo. Nessa agência eu me sentia muito importante, eu tinha minha própria mesa com telefone e assistentes, além de uma vaga privativa para o meu carro. Todos eram respeitosos comigo e atendiam às minhas solicitações, afinal eu era um gerente.

Eu tinha autonomia na função. Naquele tempo, não havia as análises de crédito sofisticadas atuais e eu aprovava ou reprovava empréstimos a partir da minha própria análise.

Um fato interessante é que o Banco não treinava os novos gerentes para a nova função, simplesmente promovia e colocava para trabalhar. Isso pode parecer estranho, mas era assim que a administração do Banco fazia e a gente aprendia a trabalhar na agência mesmo.

Eu estava muito motivado, era muito esforçado e dedicado ao trabalho naquela função. Lembro-me do meu gerente-geral, o Luzimar, me chamar certo dia e me falar:

— Você vai cuidar das contas dos funcionários da Transportadora Schlater.

Essa era uma grande e importante empresa de transporte de veículos das montadoras da cidade.

— Vai lá — disse ele —, se apresenta para o dono da empresa. Aproveita e oferece um posto de serviço do Banco pra ele.

O Banco Nacional gostava de colocar postos de serviço bancário dentro das empresas, para fidelizar e dar um atendimento mais personalizado. Contudo, oferecer e viabilizar isso deveria ser uma atribuição do gerente de pessoa jurídica e não do subgerente.

Entretanto, como ele mandou, eu, com meu sangue português, fui lá e fiz exatamente o que o Luzimar mandou. Marquei uma reunião como o Sr. Valter, presidente da empresa, me apresentei e ofereci o posto de serviço diretamente para ele.

Dias depois me ligaram para informar que o presidente da empresa tinha aceitado a oferta. Eu acabei conseguindo o que gerentes que já trabalhavam há anos no Banco não conseguiram, a abertura de um posto de serviço dentro da transportadora.

Esse fato teve uma boa e grande repercussão no Banco, mas efetivamente não me trouxe nenhum benefício profissional adicional, apenas me marcou bastante pela conquista.

CAPÍTULO 2
EVIDÊNCIAS

Sem que eu pudesse imaginar ou supor, eu ter sido promovido a subgerente do Banco desencadeou todos os outros acontecimentos importantes da minha vida.

Ao analisar a situação, é de se supor que a promoção para subgerente, em princípio, não deveria ser algo tão transformador, mas olhando daqui, depois de passados tantos anos, fica claro que a promoção foi muito significativa, porque me possibilitou vivenciar situações muito especiais e que fizeram toda a diferença na minha trajetória.

É importante analisar que, ao olhar para trás, você percebe que uma coisa que aconteceu levou a outra, que levou a outra, e assim por diante. Nesse sentido, é interessante imaginar como seria a vida da gente se determinado fato não tivesse acontecido ou se você tivesse escolhido outro caminho.

Como seria se você tivesse mudado de país ou se outros acontecimentos importantes tivessem ocorrido de forma a tornar as coisas diferentes. Provavelmente, você poderia ter casado com outra pessoa ou exercido outra profissão.

Contudo, isso fica apenas no plano da divagação, porque as consequências do que a gente não fez, evidentemente, a gente não sabe e nunca vai saber, simplesmente porque não existiram.

Sob esse prisma, poderíamos concluir que não existem escolhas erradas, quer dizer, se você escolhe um caminho, vive um tipo de vida; se escolhe outro, vive outro tipo de vida.

As escolhas feitas nos levam a viver experiências que não seriam vividas se o caminho escolhido fosse outro. Nesse sentido e em um contexto amplo, todas as experiências são válidas e apenas os detalhes das emoções, sensações e sentimentos, como resultado das escolhas, seriam diferentes.

Generalizando, podemos dizer que a base da vida das pessoas é igual e as diferenças mais importantes ficam por conta do local de nascimento, do gênero, da família, dos relacionamentos, da quantidade de dinheiro que se tem e das viagens. Mesmo assim, às vezes, a gente tem a impressão de que tem gente que faz escolhas erradas.

Nesse sentido, é muito importante que você aprenda a valorizar e agradecer pela vida que você tem, porque, seja como for, essa é a sua vida. Não reclame.

Mesmo que essa vida não esteja do jeito que você gostaria, valorize-a, agradeça e esforce-se para melhorá-la. Mantenha a tranquilidade, pois tudo está como deveria estar e você está trilhando o caminho que deveria trilhar, não porque o destino se encarrega de te encaminhar, mas porque essa foi a forma que você encontrou para se posicionar nesse universo de possibilidades. Por outro lado, não se preocupe, tudo pode ser mudado. Vai depender de você, da sua força, da sua disciplina e da sua determinação, mas é possível.

CAPÍTULO 3

ACONTECEU COMIGO

Eu nunca fui um grande namorador, até porque, na adolescência, o dinheiro que eu tinha mal dava para mim. Além disso, eu era muito sossegado e, até o momento que vou narrar a seguir, eu tinha tido apenas duas namoradas, a Regina e a Silvana.

Num dia do mês de julho de 1985, na Avenida Senador Flaquer, em Santo André, eu estava trabalhando como caixa, um pouco antes de eu ser promovido a subgerente e logo depois de terminar o relacionamento com a segunda namorada, eu fiquei encantado com uma linda moça que apareceu no Banco. Ela entrou, foi atendida pela funcionária do setor de poupança e saiu. Nisso, eu fui falar com a recepcionista que a atendeu e perguntei:

— Quem é a moça?

— Seu nome é Cláudia, é uma cliente — respondeu a recepcionista.

Passado algum tempo, a moça bonita retornou ao Banco e quando ela passou em frente ao meu caixa, eu a chamei:

— Cláudia!

Ela olhou e perguntou:

— Desculpe, eu te conheço?

— Ainda não — respondi.

Tivemos um breve diálogo e ela se foi.

A partir dali, toda vez que ela aparecia conversávamos um pouquinho. Eu a convidei algumas vezes para um café, mas ela sempre resistiu.

Em uma daquelas vezes, para não a perder de vista, já que naquele tempo não havia celular nem internet, eu a convidei para trabalhar no banco e lhe dei o endereço do departamento pessoal, em São Paulo.

O incrível é que ela foi.

Nesse ínterim, ou seja, enquanto ela se preparava para ser admitida, a minha promoção foi efetivada e eu fui promovido a subgerente.

Algum tempo depois, fiquei sabendo que ela tinha assumido a função de recepcionista no Posto de serviço da Coopervolks, em São Bernardo. Eu telefonei pra ela e conversamos.

Sem que eu esperasse, na tarde de uma terça-feira, em 13 de novembro de 1985, eu estava na minha mesa, trabalhando, quando me surpreendeu na agência, aparecendo ali, na minha frente, a ex-cliente e agora funcionária Cláudia Gatti, linda e deslumbrante como sempre.

Eu ofereci um café, conversamos e depois de algum tempo ela disse:

— Bom, agora tenho que ir!

Eu disse:

— Espera, eu vou levar você para casa!

Eu tinha que me afirmar, nem pensei duas vezes.

Levantei, peguei meu paletó e começamos a caminhar para a escada que dava acesso à garagem, no caminho, cheguei para o meu gerente geral, o Luzimar, às três horas da tarde, com a convicção de que estava fazendo a coisa certa. Com a prerrogativa de gerente que eu achava que tinha, apresentei a Cláudia para ele e disse:

— Luzimar, eu vou ter que dar uma saída agora e só volto amanhã.

Ele, educadamente, não se opôs e nós dois descemos para a garagem que ficava no subsolo da agência e pegamos meu carro, que na época era um Puma GTE branco, 1972. Eu a levei para casa e foi ali que tudo começou.

Ela morava num sobrado de classe média na Rua Rui Barbosa, em Santo André. Depois que chegamos, descemos do carro e ficamos no portão, conversando.

A conversa foi se estendendo e eu, com meu jeito atirado e imediatista, aproveitei para convidá-la para jantar naquela mesma noite.

Que legal, ela aceitou.

Fui para casa, me aprontei e voltei para pegá-la.

Fomos para o grande restaurante São Francisco, que atualmente nem existe mais, na antiga e conhecida rota dos restaurantes do frango com polenta, em São Bernardo.

Conversamos muito e o jantar foi muito agradável. Acabamos descobrindo que combinávamos bastante, foi bem legal.

Na hora de ir embora, eu a levei de volta para casa e ali nos despedimos. Não teve beijo, mas eu, que sempre fui romântico e otimista, acompanhado da magia da paixão, fiquei todo entusiasmado.

Dois dias depois, na quinta-feira, seria feriado. Ela foi com os pais para Dracena e eu fui para Peruíbe com a minha mãe.

Quando voltamos no domingo, liguei para ela e combinamos de nos encontrar.

Nesse dia não fomos a nenhum lugar especial, apenas passeamos de carro. Eu a levei para ver onde eu morava e ali, na frente do meu prédio, falei da minha intenção de estreitar o relacionamento.

Ela, tentando me testar, disse:

— Só que tem uma condição: você vai ter que falar com o meu pai.

— Sem problema — respondi.

Naquela noite nos beijamos e começamos a namorar.

No final de semana seguinte, eu comprei convites para um desfile de moda, com jantar, num evento local, meio chique. Chegando lá, tínhamos uma mesa reservada e o cardápio, que era bem simples, oferecia frango a passarinho e Martini.

Acontece que a Cláudia, que sempre foi muito exigente, disse que não gostava de frango, o que sobrou para nós foi o Martini, uma bebida alcoólica doce. Ficamos ali, ela bebeu um pouquinho, eu bebi um pouquinho...

Aquele era o nosso terceiro encontro, mas era o primeiro como namorados. Eu estava impressionado, porque ela era o tipo de mulher que eu sempre idealizei ter para mim.

Ela media 1,65 metros de altura, pesava em torno de 50 quilos, tinha lindos cabelos loiros compridos e cacheados, um corpo esbelto, lindos olhos verdes e uma graça de narizinho. Linda, perfeita e também muito educada, simpática e gentil.

Depois de um tempo naquele desfile meio sem graça, no meio da conversa, ela, lindinha como uma princesa, com quase vinte anos de idade, virou para mim com aquele jeito doce e disse:

— O que você acha de a gente ir para um lugar mais tranquilo?

CAPÍTULO 4
COMEÇOU A DAR CERTO

Eu sempre quis ter uma casa. Mesmo quando eu não tinha nenhuma namorada, eu já dizia para minha mãe que, ao casar, eu não iria querer morar de aluguel, eu queria ter minha própria casa.

Por causa desse desejo, logo após ter sido promovido a subgerente, eu entrei em contato com o setor que cuidava do financiamento imobiliário no Banco Nacional em busca de informações sobre como eu poderia financiar uma casa. Foi quando o analista que me atendeu explicou como funcionava o sistema e no meio da conversa ele disse que o Banco tinha casas recuperadas para vender e me perguntou se eu queria ver alguma.

Eu aceitei e ele explicou:

— Vou te mandar dois endereços na sua região. Você olha. Se não gostar, depois mando outras opções de imóveis, pois temos vários.

Estávamos no fim de 1985 e eu, logo após receber o endereço dos imóveis, quando contava com cerca de quinze dias de namoro, convidei a minha nova namorada para ver as casas comigo. Era um domingo de sol e nós fomos naquele meu Puma branco.

Um dos endereços era em São Bernardo e o outro em Santo André. Pelas respectivas localizações, eu presumi que a melhor opção seria a casa de São Bernardo e essa foi a primeira casa que fomos visitar.

Não pudemos ver a casa por dentro porque estava ocupada clandestinamente, mas a vizinha da casa geminada ao lado, que era igual, nos deixou entrar. Depois, passamos na frente da casa de Santo André, só por curiosidade, mas como eu já previa, preferi a primeira.

No dia seguinte, manifestei verbalmente ao analista meu interesse na primeira casa, nem quis ver mais opções. Como já havia um processo judicial de imissão de posse em andamento, cerca de quarenta e cinco dias depois, os ocupantes foram retirados pela justiça. Com o imóvel desocupado, manifestei formalmente ao Banco minha intenção de compra e informaram que uma avaliação seria feita para chegar ao valor de venda.

Fiz novas chaves da casa e fiquei aguardando.

Minha ansiedade era tanta que de vez em quando eu visitava a casa. Na verdade, no período que será descrito no próximo capítulo, eu já me imaginava sendo o dono da casa, ou seja, já me via morando nela.

CAPÍTULO 5
ELE VEM

Às vezes acontece alguma coisa na vida da gente que nos faz pensar no porquê de ter acontecido aquela situação e daquele jeito.

O que estou querendo dizer é que fui surpreendido por um acontecimento novo e inesperado, pois, com dois meses de namoro, a Cláudia descobriu que estava grávida.

Sabe aquela noite do jantar com os martinis? Então...

Foi mesmo uma surpresa. Ela engravidou na nossa primeira vez juntos e, claro, não estávamos preparados para isso.

Acho que você pode imaginar como nos sentimos.

Obviamente, tive todas as preocupações comuns relativas a esse tipo de acontecimento. Entre as escolhas e decisões a tomar, nós teríamos que resolver se casaríamos ou não e, casando, resolver onde moraríamos.

Eu tinha a certeza que queria casar, porque estava apaixonado e sempre fui atirado, mas não tinha uma casa ainda. Nós ficamos meio perdidos, não sabíamos bem o que fazer.

Éramos um tanto imaturos, mas queríamos fazer a coisa certa e concordamos em casar e ter o filho que estava a caminho. As pessoas não acreditavam que poderia dar certo, porque foi tudo muito rápido e era tudo muito recente, mas nós marcamos a data do casamento.

Com a data do casamento marcada, liguei para o encarregado do setor de empréstimos e comuniquei que, como representante do Banco e candidato a comprador da casa que estava vaga, eu iria morar lá com a minha esposa. Ele não me autorizou, mas também não me proibiu e respondeu que não poderia se responsabilizar por nada.

Dito e feito, fizemos uma boa limpeza e pintamos a casa e o pai dela, Seu Antonio, nos presenteou com todos os móveis necessários para um início de vida de casados.

De novembro de 1985 a abril de 1986, namoramos, noivamos e casamos, ou seja, em apenas 4 meses e meio. Ela com 20 anos e eu com 26.

Com a realização do casamento, depois da cerimônia e da festa, como não fizemos nenhuma viagem, fomos direto para a nossa nova moradia.

Quatro meses depois, em 20 de agosto, nosso filho nasceu e, coincidindo com a época do nascimento do meu filho, alguém do Banco me ligou e me fez uma proposta para a compra da casa. O preço pedido foi de 300 mil cruzados.

Cruzado era o nome do dinheiro criado no plano econômico do governo Sarney, lançado em fevereiro de 1986, que teve a gloriosa pretensão de acabar com a inflação por decreto.

Marquei então uma reunião e fui falar com o diretor do setor de crédito imobiliário. Depois de uma breve manifestação, a meu pedido, ele baixou o preço da casa para 250 mil. Eu agradeci o desconto e combinamos que o pagamento seria feito com 70 mil cruzados de entrada e o restante, ou seja, 180 mil cruzados, seria financiado através do BNH, que era o sistema financeiro da habitação da época, com prazo de pagamento em vinte e cinco anos. Um contrato de venda e compra foi providenciado e assinado.

Por influência do recente plano econômico, o contrato não tinha cláusula indexadora, ou seja, não tinha cláusula de reajuste do valor no tempo. As cláusulas do contrato diziam que, dos 70 mil de entrada, eu pagaria 50 mil cruzados no ato e mais quatro prestações de 5 mil, somente após o pagamento desses 20 mil cruzados parcelados é que eles então financiariam os 180 mil cruzados restantes.

Para pagar os 50 mil da entrada, eu vendi meu carro, uma Brasília 82, por 30 mil, que eu tinha trocado no Puma, peguei 10 mil do cheque especial da minha conta corrente e mais 10 mil emprestados do meu cliente e amigo Zito.

Com muita dificuldade, consegui cumprir a minha parte no contrato, ou seja, efetuei pontualmente os pagamentos. Contudo, por motivos políticos e econômicos, o governo brasileiro, em função das profundas consequências e mudanças na economia, resolveu extinguir, em novembro de 1986, o BNH.

Com a extinção do BNH, não havia mais as regras de financiamento e, sem regras, o Banco não podia financiar o valor com o qual havia se comprometido. Enquanto esperávamos as novas regras de financiamento, a economia do país e o plano de estabilização da moeda começaram a dar errado e a inflação voltou a subir rapidamente.

Em paralelo a isso, em função de um concurso que eu tinha prestado em 1982, o Tribunal de Justiça do Estado de São Paulo me chamou para ocupar uma vaga. Eu providenciei minha documentação e assumi meu novo cargo.

Em abril de 1987, me demiti do meu querido Banco Nacional.

Enquanto isso, as novas regras de financiamento foram anunciadas e, cerca de dois meses depois, o Banco me chamou para assinar o contrato de financiamento.

Fato interessante foi que, com o decorrer do tempo, de quase um ano, a inflação novamente corroeu o valor do dinheiro e a casa que eu financiaria em 25anos, sem a cláusula de indexação do valor no contrato, me permitiu financiar a casa em apenas 10 anos.

Embora eu já não trabalhasse mais no Banco Nacional, que seria o intermediário do financiamento, deu tudo certo, pois eu tinha como comprovar a renda necessária através do meu novo emprego.

Eu estava muito feliz porque adorava minha mulher, estava bem empregado, tinha casa própria, já tinha também um carro e uma motocicleta. Realmente minha vida estava dando certo. Eu continuava otimista, não tinha motivos para reclamar e não reclamava.

CAPÍTULO 6
ENQUANTO ISSO

No meu novo emprego, minha função consistia em um trabalho externo e flexível, eu não tinha horário e me sobrava muito tempo livre. Em função disso, em 1988, ano da Constituição do Brasil e ano em que nasceu minha filha Lilian, eu realizei um desejo antigo e ingressei no curso superior de Direito.

Como eu sempre fui muito ativo, no ano seguinte eu comprei um táxi, mas percebi algum tempo depois que o táxi não me daria chances de progresso, então abandonei a função e, em 1989, comecei a trabalhar como corretor de imóveis, simultaneamente ao meu emprego.

Naquela nova função e no ramo imobiliário, vislumbrei que esse poderia ser um negócio promissor para o dono da imobiliária e então comecei a ambicionar ter a minha própria imobiliária. Contudo, eu não tinha os recursos financeiros necessários para montar e manter uma, aí eu pensei que teria que encontrar alguma forma de fazer dinheiro para atingir meu objetivo.

Com essa ideia de arrumar dinheiro e contra a vontade de alguns familiares, no início de 1990, eu comprei um caminhão com carroceria de madeira, bem na época do Fernando Collor assumir a presidência da República.

Atirado como sempre e ao mesmo tempo muito entusiasmado, usei os únicos dois carros que eu tinha para trocar por um caminhão.

Fiquei sem nenhum carro, só com o caminhão. A situação ficou difícil, porque o caminhão tornou-se o nosso único veículo e tínhamos que ir com ele a todos os lugares, inclusive ao mercado para fazer compras.

Deixei a imobiliária em que trabalhava, mas novamente eu tinha duas atividades além do meu emprego, eu trabalhava com o caminhão agregado em uma transportadora. Comecei trabalhando para a Volkswagen, assim como outros colegas que também prestavam serviço, tinha que estar dentro da área de carregamento às seis horas da manhã.

Dessa forma, eu e os outros fazíamos o mesmo caminho todos os dias, no mesmo horário para chegar ao pátio de carregamento. Em um daqueles dias fomos surpreendidos com a notícia de que o caminhão de um dos nossos colegas tinha sido roubado enquanto ele se dirigia ao trabalho, bem na avenida, próximo à Volkswagen. Lembro-me de ter pensado na sorte que eu tive, pois meu caminhão era melhor que o dele e eu não tive que passar por aquilo.

Os dias foram passando e eu ia fazendo as entregas das peças nas concessionárias de veículos por toda grande São Paulo.

Depois de algum tempo, percebi que aquele trabalho era árduo e dava pouco lucro e, tendo em vista que eu não dependia do dinheiro que o caminhão produzia, porque eu tinha meu outro emprego, resolvi estacionar o caminhão na porta de casa e tentar trabalhar por minha própria conta.

O começo não foi fácil. Contratei um motorista que ficava com o caminhão parado em um ponto do bairro esperando por um chamado de serviço.

Como daquela forma eu não tinha resultado, coloquei um anúncio num jornal de grande circulação da região, que era a forma mais barata de propaganda, para divulgar a prestação dos meus serviços de transporte, com o número de telefone da minha casa.

Os primeiros contatos que surgiram, foram consultas para fazer mudança residencial.

A própria demanda e necessidade do mercado me fez enveredar para o ramo de mudanças, atividade na qual eu gradativamente fui me especializando, ou seja, me especializei em transportar os móveis das pessoas de uma casa para outra.

O negócio foi dando certo e eu, que sempre quis ser empresário, montei a empresa de mudanças, que recebeu o nome Saturgatti Transportadora Intermodal Ltda.

Pouco tempo depois comprei o segundo caminhão, que já era equipado com baú.

Gradativamente fui agregando motoristas e ajudantes para a parte operacional.

Estávamos em 1992 e nessa época eu continuava a trabalhar no meu emprego, estudava Direito e cuidava do negócio de mudanças.

Minha esposa colaborava no atendimento de clientes e na parte burocrática da Stil, além de cuidar da casa e das crianças, já que o atendimento era por telefone e era em casa.

Coincidentemente, na frente da casa que nós morávamos, aquela que eu comprei do Banco Nacional, funcionava uma grande Gráfica e Editora de livros e, tendo em vista que nós já tínhamos uma pequena estrutura empresarial, eu fui falar com o dono da gráfica para pedir uma oportunidade para trabalhar no transporte dos produtos da Gráfica e fomos contratados.

Pouco tempo depois compramos da Gráfica um caminhão seminovo, que eu pude pagar com o serviço. Foi uma boa compra porque adquirimos um caminhão sem dinheiro, que pagamos em prestações mensais, iguais à metade do faturamento mensal do próprio caminhão e tínhamos ainda a vantagem de usar o caminhão para fazer mudanças nos finais de semana. Eu sei que isso parece uma coisa simples, mas pra mim, foi uma maravilha de acontecimento.

Os produtos da gráfica eram embalados em caixas de papelão e eu, muito atirado, dinâmico e esforçado, trabalhava bastante naquela época, sendo que muitas vezes ajudava a carregar os caminhões até altas horas da noite, sendo que muitas vezes eu carregava sozinho durante a noite, para que o caminhão pudesse estar pronto para sair para as entregas logo cedo. Você sabe, empregados tem horário, patrão não.

De qualquer forma eu estava muito feliz e satisfeito.

Aquela vida com muito trabalho e com boas perspectivas de crescimento era tudo o que eu sempre quis e tudo o que eu sempre havia desejado.

Não me lembro de reclamar e nunca reclamei. Ao contrário sempre fui muito grato pelas perspectivas e possibilidades que eu tinha.

CAPÍTULO 7

VIDA QUE SEGUE

A vida continuava dentro daquela normalidade rotineira, tornando a nossa situação financeira cada vez melhor. No final de 1992, o ano em que me formei na faculdade de Direito, conheci uma senhora chamada Mirian, que criava e vendia cães da raça rottweiler.

Ficamos encantados com um dos filhotes que ela tinha e decidimos comprá-lo, demos a ele o nome de Ralph. Enquanto o Ralph era pequeno, a coisa foi bem, mas depois de um ano, tínhamos aquele baita cachorrão e ficou difícil manter o cachorro dentro de casa. A melhor solução que encontramos então foi oferecer o Ralph para o meu tio Gilberto, irmão da minha mãe, que tinha um sítio em Santa Maria da Serra. Queríamos proporcionar uma vida melhor ao Ralph, pois lá no sítio ele teria bastante espaço.

Meu tio aceitou e o Ralph foi embora.

Com o tempo, convenci minha esposa a prestar concursos públicos.

Assim, em fevereiro de 1994, após prestar vários concursos e passar em quatro deles, ela assumiu uma vaga na mesma função em que eu atuava. Com o trabalho dela, aumentou o serviço e nós trabalhávamos de domingo a domingo. Não tínhamos férias nem descanso, era praticamente só trabalho.

Quando dava, a gente comprava mais um caminhão, mas os caminhões que comprávamos eram usados, meio velhos e sempre financiados. Claro que os caminhões velhos eram mais baratos e também davam mais manutenção. Entretanto, tínhamos encontrado um bom mecânico, o Seu Antônio, e com ele os consertos eram bem feitos e a bom preço.

Todos os motoristas que dirigiam nossos caminhões eram ajudantes que eu treinei e promovi.

Naquela época, o Departamento de Trânsito não exigia tempo para um motorista mudar de categoria, então eu convidava os melhores ajudantes e pagava a habilitação para eles trabalharem como motorista.

Essa estratégia sempre funcionou bem e todos os meus motoristas foram bons. Tive um especial, o Fabinho, que foi meu terceiro ajudante e o meu segundo motorista, sendo que ele ficou conosco por mais de dez anos e, é claro, nos ajudou a crescer.

Durante a noite, os caminhões ficavam estacionados e enfileirados na rua onde ficava a nossa casa, que era uma rua sem saída e sem movimento.

Nós tivemos sorte também de ter aquele espaço para estacionar os nossos veículos tão grandes, bem perto de casa e em frente à gráfica.

Também nesse sentido, tudo sempre deu certo, ou seja, nunca tivemos surpresas desagradáveis pelos caminhões passarem a noite na rua e também nunca fizemos seguro.

O mercado é volátil e, no final de 1994, o preço dos caminhões usados aumentou muito e por isso resolvemos investir em um apartamento na praia.

Compramos um apartamento em início de construção, que depois de dois anos ficou pronto.

Logo em seguida, para completar nosso lazer, compramos também uma lancha de 23 pés, com cabine, com motor diesel MWM e propulsão por rabeta. Em 1995, conseguimos comprar também um automóvel VW Logus zero km e, em 1996, como resultado do nosso trabalho, já tínhamos seis caminhões.

Como você pode notar, tínhamos conquistado já algumas coisas, mas o crescimento é inerente a tudo na natureza e na questão estratégica do cuidado e da administração do negócio, eu ficava incomodado com o fato de ter que estacionar seis caminhões na rua.

Por causa disso, mesmo sem ter o dinheiro, comecei a ambicionar a compra de um terreno que pudesse abrigar a sede do escritório e o pátio de estacionamento dos caminhões, como é comum nas transportadoras.

Embora houvesse o desejo, seria muito difícil eu comprar um terreno porque eu não tinha o dinheiro, só tinha bens imóveis e veículos.

Notadamente, os proprietários de terrenos não queriam trocar seus imóveis por outro imóvel, queriam dinheiro como pagamento e nós só tínhamos dois imóveis, seis caminhões e pouco capital de giro.

O nosso negócio proporcionava um ganho bom, mas moderado. Não tínhamos reserva de capital, porque não éramos tão econômicos, levávamos uma vida boa e todo o resultado que sobrava, eu reinvestia.

Em maio de 1997, perdemos o serviço da gráfica para um concorrente que ofereceu os mesmos serviços por um preço menor. Isso não foi bom, mas eu aceitei com certa naturalidade.

Coincidentemente, pouco tempo depois, a gráfica foi transferida para uma outra cidade, fato que mostrou que o trabalho com a gráfica não teria durado muito mais mesmo.

A gente não sabia — a gente nunca sabe —, mas grandes e importantes mudanças também estavam por vir.

CAPÍTULO 8
MUDANÇAS TAMBÉM PARA NÓS

Era setembro de 1997, quando um corretor, com quem eu tinha conversado por ocasião da procura de um terreno para a transportadora, me ligou e disse:

— Tenho um terreno que eu acho que você vai gostar.

— Qual é o preço?

— Essa é a parte boa, está barato.

— Qual é o tamanho?

— É grande.

— O terreno é plano? — indaguei.

— Vamos lá ver... — ele sugeriu.

Fui com ele ver o terreno. Quando vi, fiquei impressionado, 17 mil metros quadrados.

Na verdade, era muito maior do que eu precisava ou esperava. A parte plana, ou seja, que se podia aproveitar de imediato, tinha cerca de 2 mil metros quadrados, o resto era um enorme monte de terra bem alto, um morro mesmo, mas era barato e eu tinha a oportunidade de adquirir porque o vendedor aceitava propriedades.

O terreno, além de ser um morro, tinha uma parte negativa, que era o valor do IPTU muito alto, mas eu, inexperiente, otimista e ansioso, nem atentei para isso nem fiz contas, fiquei tão entusiasmado com a ideia de ter um pátio e uma boa sede para a empresa que eu logo fiz uma proposta.

Como eu não tinha dinheiro, eu ofereci minha casa, aquela que eu tinha comprado do Banco Nacional, mais o apartamento do Guarujá, que eu ainda nem tinha acabado de pagar, e mais dois caminhões.

O proprietário aceitou, mas eu ainda tive que dar mais 10 mil reais da comissão do corretor. Então o negócio foi fechado assim.

Para você ter uma ideia, a frente do terreno já ficava dez metros acima do nível da rua. Havia uma rampa de acesso que funcionava desde antes para a fábrica de móveis vizinha ao terreno, então o nosso acesso ficou sendo por essa rampa asfaltada mesmo.

Como eu dei praticamente tudo o que eu tinha para comprar o terreno, o que nos restou naquele momento foram quatro caminhões, um fusca e uma Towner, que era um carrinho importado da Ásia.

Tínhamos também, claro, nossa saúde, nossa vontade e capacidade de trabalhar, crédito na praça, mas quase nenhum dinheiro.

O terreno não tinha muro em várias partes das divisas, o que tornava a propriedade muito vulnerável. Entretanto, em pouco tempo começamos a construir.

Por coincidência e depois de cinco anos, meu tio me ligou e me ofereceu o Ralph de volta. Ele estava descontente com o cachorro que atacava e matava suas galinhas. Como tínhamos acabado de comprar aquele grande terreno, o Ralph voltou.

Ao chegar na nossa frente, o Ralph demonstrou uma grande alegria. Pulou em nós, todo carinhoso, daquele jeito que cachorro grande faz. Foi emocionante. Meu querido Ralph acabou ficando longe da gente, exatamente pelo tempo necessário, até que nós tivéssemos condição de cuidar dele de novo.

O Ralph foi o primeiro morador da nossa área. Ele era o guardião do terreno e trabalhava direitinho.

Como não tínhamos mais a nossa casa, nós tivemos que ir morar no terreno.

Minha esposa sugeriu que comprássemos uma casa de madeira, daquelas pré-fabricadas, e foi o que fizemos.

Demos uma entrada de vinte por cento e o restante foi parcelado em dois anos. Ainda tivemos que pagar o alicerce e a montagem, além do acabamento, dos vidros, das telhas e das ferragens.

Trinta dias depois de iniciada a obra, a casa estava erguida e coberta. Fizemos uma pequena calçada em volta dela, sem acabamento e o restante era tudo terra mesmo.

Mudamos para lá três meses depois, às vésperas do Natal, no dia 20 de dezembro de 1997. Naquela mesma época, contratamos a instalação de um galpão pré-fabricado de concreto para abrigar os caminhões e as instalações da nossa empresa.

Era um galpão que media quinze por vinte metros e veio só com as dez colunas, as vigas de concreto, cabos de aço de sustentação e as telhas de amianto, mas fomos construindo devagarzinho.

Com o tempo, na parte de trás da casa, fizemos uma grande área coberta, com uma garagem ao lado, com piso simples de ardósia. Fizemos também uma cerca com estrutura de madeira envernizada, sendo as ripas também de madeira, pintadas de branco. Com isso, a casa ficou ainda mais bonita.

Tínhamos um pedreiro registrado na empresa, o Gilvan, contratado para fazer as obras de implantação. Passo a passo, fizemos benfeitorias na propriedade e fechamos todo o terreno com muros para o Ralph não sair.

Minha esposa, meus filhos e eu estávamos sozinhos ali, meio isolados, pois havia uma fábrica de cada lado do terreno e uma favela nos fundos.

Ao longo dos anos, fomos construindo o escritório no galpão e fomos fechando o galpão com paredes, portas e janelas. Não foi fácil pagar por toda a infraestrutura, pois terrenos grandes e construções exigem muitos gastos com materiais de base e acabamento.

Com todos os investimentos que o terreno exigia, tivemos que vender mais dois dos nossos melhores caminhões para poder pagar as despesas.

Oportunamente, fechamos um bom contrato com uma empresa de alimentação, logo após a compra do terreno, o que nos garantiu um bom faturamento e nos ajudou bastante. Com melhores instalações, fomos contratados também pela fábrica de caminhões Mercedes-Benz para realizar mudanças internas entre departamentos.

As expectativas mostravam que a empresa iria continuar indo bem, tanto que naquele período chegamos a ter dezoito funcionários. Tínhamos equipes para atender a Mercedes e para fazer as mudanças residenciais.

O problema era que a Mercedes só queria que enviássemos funcionários registrados e as requisições eram variadas, num dia queriam quinze pessoas e no outro queriam apenas quatro.

Além disso, a maioria das pessoas gostava de mudar de suas casas no sábado, o que fazia com que tivéssemos muitas mudanças no sábado e poucas durante a semana. Era bem difícil de combinar essas variáveis.

CAPÍTULO 9

AS COISAS SE AJEITAM

Desde que compramos a área de terreno, eu ficava imaginando um jeito de isso dar dinheiro. Quero dizer, eu pensava que uma propriedade daquela e daquele tamanho tinha que, de alguma forma, trazer mais retorno financeiro. Claro que eu já aproveitava como podia, pois nós morávamos e trabalhávamos ali e não tínhamos que pagar aluguel nem da casa nem do galpão. Mesmo assim, ainda sobrava muito espaço e, como eu já disse, era um terreno muito alto.

Para você ter uma ideia, do nível da rua até a parte mais alta, a altura era de uns sessenta metros, mais ou menos a altura de um prédio de vinte andares.

Eu imaginava, comentava e até desejava que por ser tão alto, ele seria propício para a instalação de uma antena de telefonia celular. E foi justamente o que acabou acontecendo.

Três anos depois de nós termos comprado o terreno, ou seja, no ano 2000, a Tim Celular nos procurou e pediu para alugar uma parte do terreno, lá em cima, para colocar uma torre de transmissão.

Eles alugaram duzentos metros, num contrato com prazo inicial de cinco anos. Foi uma grande ajuda, pois, como eu já mencionei, os custos de manutenção do terreno e do IPTU eram muito altos. Isso foi bom também porque eles construíram um acesso todo cimentado e com uma boa escada metálica, já que antes a gente tinha que subir por um caminho de terra rudimentar e improvisado.

A vida continuava boa e, em 2001, nós compramos e mobiliamos um chalé, num condomínio em Paraty, logo depois de passarmos o *réveillon* do ano 2000 por lá.

Paraty é uma cidade muito bonita e cheia de história, com seus casarões, sua costa, seus barcos, centenas de pousadas e muitos turistas de todo o mundo. Nosso condomínio era muito gracioso, tinha piscina, churrasqueira e ficava à beira do Rio Perequê-Açu, que quinhentos metros depois já alcança o mar.

Lá eu mantinha uma lancha menor, uma Cabrasmar 16 pés, com motor de popa, para passear e navegar pela baía.

Nos dois anos seguintes, nós íamos praticamente todos os finais de semana para Paraty e tenho que confessar que foram momentos muito prazerosos e felizes que tivemos a oportunidade de viver naquela época.

Fazíamos passeios de lancha por toda a baía e cada vez visitávamos uma praia ou uma ilha diferente. Tinha até uma ilha com restaurante onde a gente parava o barco e almoçava.

Era demais de bom.

CAPÍTULO 10
A BUSCA

A nossa empresa tinha um *slogan* que dizia o seguinte: "As coisas não mudam, nós mudamos". Depois de algum tempo o *slogan* também mudou e ficou assim: "As coisas só mudam, se nós mudarmos".

Assim como pregava o *slogan*, a partir de 2002 as coisas mudaram e não aconteceram mais como planejamos. Por conta de acontecimentos paralelos, de repente parecia que algumas coisas não faziam mais sentido.

Eu tinha comprado o terreno principalmente para abrigar os caminhões que antes ficavam na rua e acabamos ficando só com dois deles. Adquirimos um terreno enorme e ficamos cheios de compromissos financeiros e de contas para pagar.

Após três anos trabalhando para a Mercedes-Benz, eu decidi rescindir o contrato de prestação de serviço que tínhamos, porque ela era uma empresa que só queria vantagens para si, espremendo os preços do fornecedor ao máximo, o que não nos permitia crescer ou continuar, pela ínfima margem de lucro.

De dentro de mim, sempre surgiu a ideia de que o dinheiro tem que fluir.

Por alguns ou vários motivos, a situação geral começou a não ficar boa. Parecia que estávamos perdendo o rumo.

Fatos independentes e aleatórios nos abalaram e tiraram a força de vontade que sempre foi a motivação e a causa do nosso sucesso. Sem entender bem o que estava acontecendo, mas com confiança e otimismo, buscamos ajuda.

E você sabe, quando as coisas não vão bem, em situações que aparentemente não se tem explicação, temos uma tendência a procurar as explicações no mundo espiritual.

Erroneamente, pensamos logo em "coisa mandada", inveja, macumba, mal olhado etc. Naquela ocasião, nos falaram de um homem, seu Pedrinho, que seria uma espécie de vidente. Nós o convidamos para ir lá em casa e ele foi.

Aparentemente, ele não "viu" nada de extraordinário, entretanto, numa conversa mais reservada, ele sugeriu que a gente fosse visitar a Seicho-No-Ie, que ele frequentava, afirmando que seria um bom lugar para conhecermos.

Tenho que esclarecer que, embora eu tivesse uma formação religiosa católica, por influência da minha família materna, sempre fui muito crítico e questionador. E é aqui que começam os fundamentos que deram início ao conhecimento que acabou se transformando neste livro, portanto, por favor, mantenha a atenção.

Aos dezoito anos, mais ou menos, não satisfeito com as fracas explicações da religião católica, comecei a visitar religiões evangélicas e espíritas, nas quais também não encontrei nada que ensejasse minha devoção, crença ou permanência. Lembro que por volta dos vinte e um anos de idade, em função de haver conhecido religiões espíritas, me questionei e intimamente ousei questionar a Deus sobre a proteção ou blindagem que teriam que ter os seres humanos em relação às ameaças.

Eu me perguntava, por exemplo, como é que Deus poderia nos deixar à mercê de supostos ataques invisíveis de supostas entidades espirituais malignas.

Eu achava muito injusto que nós, pobres mortais, pudéssemos ser atacados por espíritos do mal, a par de que, sendo invisíveis, teoricamente, nós não poderíamos nos defender.

Com essa questão para ser resolvida, fiquei durante algum tempo refletindo sobre o problema, tentando resolvê-lo. Eu sou assim, se existe um problema, eu quero resolver.

Tempos depois, por pura abstração, cheguei à conclusão de que esses "ataques" só poderiam acontecer se eu permitisse.

Como assim? Você talvez pergunte.

Vou te contar.

Não sei se você sabe, mas a doutrina espírita está baseada na ideia da força de espíritos de pessoas que já morreram. Em vida, já que eram humanos, alguns teriam sido bons, outros nem tanto.

É interessante verificar que as entidades espíritas mais difundidas, lá da umbanda e candomblé, são os pretos-velhos, pombas-gira, índios, exus, marinheiros, caboclos, entre outros. Em geral, não se vê nenhum milionário e nenhum intelectual por ali. Segundo se pode apurar, teoricamente esses espíritos, depois de morrerem, estariam voltando do além para fazer o bem ou o mal, conforme lhes conviesse.

Alicerçado na minha indignação a partir dessa perspectiva e naquele meu questionamento existencial, comecei a questionar todas as possibilidades e as variáveis.

Eu concluí que, se eram pessoas que haviam morrido, seus corpos morreram também e sem corpos, o que lhes restaria, se lhes restasse alguma coisa, seria a Mente ou a energia da Mente. Essa conclusão, de novo, por pura abstração minha mesmo.

Considerei então que, mente por mente, eu também tinha a minha e, com a arrogância e a força que me são peculiares, resolvi, já naquela época, que eu não seria atacado por energia maligna de seu ninguém.

Resolvi que ninguém jamais poderia me atacar de forma invisível se eu não permitisse ou não quisesse, porque eu tinha a minha própria força e meu próprio poder, atribuídos a mim por Deus, para que eu pudesse me defender. Essa é a lógica.

Por eu sempre acreditar que Deus é um ser justo, compreendi que, se ataques invisíveis fossem possíveis, teriam que ser defendidos da mesma forma e intensidade, ou seja, com uma defesa invisível. Sabendo eu que todo ataque usa uma arma e que a arma, no caso a atacar, seria a mente maligna, para me defender, a arma necessária seria também a mente, a força da mente, a energia da mente.

Com essa conclusão, me fortaleci. Passei a viver mais confiante, mais forte, mais poderoso e, consequentemente, comecei a me afastar das religiões.

Como você sabe, passaram-se anos daquela época até o dia em que o Seu Pedrinho me convidou para conhecer a Seicho-No-Ie, e eu fui.

Lá eu aprendi que a Seicho-No-Ie nos ensina e nos incentiva a procurar e encontrar a verdadeira natureza humana. A Seicho-No-Ie ensina que o mundo da matéria é apenas a projeção da mente.

Ela, a Seicho-No-Ie, pode ser considerada uma filosofia de vida ou uma religião, não há rigidez de conceito nesse sentido. Ela tem como objetivo despertar a verdade no coração das pessoas e fazer com que, através de atos, palavras, pensamentos e gratidão, possamos tornar este mundo cada vez melhor.

Conhecer a Seicho-No-Ie para mim foi o ponto de partida para a minha principal evolução. Ela foi a base para eu me tornar a pessoa que eu sou hoje.

Todo aquele conteúdo esclarecedor, de grande importância e excelência me deu a condição de me organizar e me programar, na condução da minha vida e do meu futuro.

Frequentei a Seicho-No-Ie durante dois anos e lá eu aprendi que todo o poder vem de Deus e que esse poder se instala, como eu já imaginava, na mente. Eu assimilei e aceitei a ideia dos ensinamentos do mestre Massaharu Taniguchi como verdadeira, porque analisei a lógica do funcionamento das coisas e a relação disso com os vários momentos e acontecimentos da minha vida.

Lembro-me de uma situação interessante, em que eu questionei um respeitável preletor e amigo, o Sr. Kioshi, de descendência japonesa, já idoso naquela época.

Perguntei como podia ele, conhecedor e ministro de palestras tão elucidativas sobre o poder da Mente, ainda fazer o seguro do seu próprio automóvel.

Eu o inquiri dizendo:

— Seu Kioshi, eu frequento a Seicho-No-Ie há pouco mais de um ano e, por saber que o poder está na mente, já não quero fazer nem faço o seguro do meu carro, e o senhor, com tantos anos de Seicho-No-Ie, ainda faz o seguro do seu automóvel, por quê?

Ele então, com simplicidade e respeito, me surpreendeu com a seguinte resposta:

— É que eu não estou tão evoluído quanto você!

Acho que ele quis dizer que eu tinha entendido e aceitado mais facilmente o aprendizado, ou seja, que existe uma energia que permeia o Céu e a Terra e que permite o funcionamento da vida de verdade neste planeta.

Independentemente da sua motivação para dizer aquilo, acabei compreendendo que algumas pessoas têm maior facilidade ou dificuldade para assimilar um conhecimento, da mesma forma que algumas pessoas aceitam certas coisas como verdadeiras e outras pessoas não.

De qualquer forma, é importante dizer que não basta você ouvir uma teoria e não fazer nada na prática. Você precisa ouvir, assimilar e colocar em prática aquilo que você aprendeu.

Como uma criança ingênua que crê em tudo, eu simplesmente acreditei naquilo que me disseram e pus em prática. É essa a teoria do poder da mente que eu uso e pratico e que mais adiante você vai conhecer de forma completa.

CAPÍTULO 11
UM POUCO DE HISTÓRIA

Embora o nosso planeta tenha cerca de cinco bilhões de anos, a vida dos seres humanos na Terra, como a conhecemos, não é tão antiga. A pré-história, que é tudo que existiu antes da invenção da escrita, foi a época que abrigou, entre outros seres, os nossos mais antigos ancestrais, que apareceram, segundo consta, há cerca de quatro milhões de anos.

Muitos estudos e descobertas indicam que a origem da civilização teria ocorrido no continente africano, de onde populações que sobreviveram ao último período glacial, há 150 mil anos, teriam migrado, seguindo para o norte, dando origem ao que hoje é a Europa.

No período conhecido como Idade da Pedra Polida, surgiram artefatos, como as roupas, as habitações, a agricultura e a comunicação, segundo consta, isso aconteceu entre 10 mil até 3 mil anos antes de Cristo. Surge então a Idade dos Metais, que é marcada pelo uso do cobre, estanho e bronze por parte das primeiras sociedades da Era Antiga, representadas pelas civilizações dos Sumérios, Babilônios e Assírios na região da Mesopotâmia e no Oriente Médio.

Algumas pessoas mais conhecidas daquele período foram os filósofos, tais como Sócrates, Confúcio e Jesus Cristo. Esse último teve tamanha importância que, depois de sua morte, se convencionou iniciar a contagem do tempo atual.

Depois disso, estabeleceu-se a Idade Média, que se baseava no sistema feudal e foi marcada pelas disputas entre bárbaros.

A Idade Moderna foi um período de transição e revolução social que se deu a partir do século XIV, caracterizada principalmente pela substituição do sistema de produção feudal pelo sistema capitalista.

Enquanto na Europa a história já contava com milhares de anos, no Brasil ela começava a partir do século XV, com a vinda das caravelas dos navegadores e desbravadores.

Tivemos a escravidão e todas as situações que são contadas sobre aquela época, às vezes de forma controversa, incluindo a que diz que para o Brasil foram enviados os bandidos expulsos de Portugal.

A história da colonização dos Estados Unidos da América pelos europeus também teve seu início no século XV, mas tem um perfil bem diferente do Brasil, provavelmente porque, nos Estados Unidos, a história foi construída de outra forma e houve importantes batalhas, tanto contra europeus como contra os indígenas.

Após a Revolução Francesa, o mundo conheceu a Revolução Industrial e o trabalho artesanal foi substituído por máquinas. Com o tempo, os seres humanos se organizaram e a sociedade se modernizou, todavia, o mundo continuava em constante mudança.

Vários produtos foram inventados, vacinas foram desenvolvidas, muitas personalidades nasceram, cresceram, se desenvolveram e morreram em todos os continentes. Inúmeros acontecimentos foram muito importantes para o desenvolvimento geral da humanidade, em todos os aspectos.

Sabemos que algumas coisas não estão tão boas como gostaríamos, mas também sabemos que muitas outras estão bem melhores.

Os fatos mostram claramente que a civilização já mudou muito e continua em ampla transformação, motivo pelo qual devemos imaginar e acreditar que tudo vai continuar mudando e melhorando, dia a dia, no futuro.

Infelizmente, os benefícios dessas mudanças evolutivas não atingem a todos, muito menos a maioria dos habitantes da Terra. Ao contrário, pela forma como o progresso se apresenta, apenas uma minoria foi e continua sendo beneficiada.

O nosso mundo, portanto, sob esse ponto de vista, está longe de ser um lugar ideal. Eu imagino que o objetivo dos habitantes da Terra deveria ser o de perseguir um ideal de sobrevivência digna para todos, mas infelizmente essa não é a nossa realidade.

Teremos que trabalhar duro e influenciar muitas e profundas mudanças nas estruturas e conceitos sociais se quisermos atingir padrões ideais de qualidade de vida para todos.

Nem mesmo eu, que sempre tenho uma posição otimista, acredito que essa situação distorcida, que não consegue proporcionar boas condições de vida para a maioria, possa mudar e melhorar antes que se passem, no mínimo, mil anos.

Pensando e me baseando nisso, para que esse ideal de vida coletivo possa acontecer, cada um de nós vai ter que cuidar de si mesmo para só depois cuidar daqueles que nos importam ou mesmo daqueles que forem desconhecidos.

Enquanto o momento desse benéfico processo evolutivo geral não chega e não se possa fazer deste mundo um lugar ideal para todos, a regra geral deverá ser cada um cuidar de si.

Você sabe ou deveria saber que o poder e a felicidade estão dentro de você e que tudo o que você puder emanar vai sair de dentro de você e é por isso que você precisa cuidar de você primeiro.

Com ou sem egoísmo, mas focando em si mesma, cada pessoa que souber cuidar de si, dentro de uma conduta de bom senso social, transparência e honestidade, vai poder ajudar a tornar o mundo um lugar ideal também para todos, a partir de ações positivas em relação a tudo o que estiver ao seu redor, ao seu alcance ou seu domínio.

Ajude você primeiro, sabendo que a partir daí você vai estar firme, forte e convicto para poder transmitir seus bons conhecimentos e, assim, poder ajudar os outros.

CAPÍTULO 12
VOCÊ PODE

Todas as informações a que temos acesso dão conta de que a humanidade ainda está no começo de sua existência e de seu desenvolvimento. É possível perceber que tudo o que sabemos e tudo o que já foi criado e conquistado até hoje no mundo ainda é pouco em relação às infinitas possibilidades e oportunidades que ainda temos pela frente.

Os exemplos que temos e que tivemos até o momento nos mostram a grandeza do sistema no qual estamos inseridos, dando-nos a convicção da continuidade da vida e das mudanças, as quais, você pode ter certeza, sempre virão. Nossa permanência é composta por essa complexa dinâmica que envolve a rotina existencial dos seres humanos.

Convivemos com a política nacional, a política internacional, as atuações das grandes empresas, a internet, a globalização, as redes sociais, além de muitas outras questões sociais mundiais e os avanços tecnológicos. Por outro lado, existem pessoas decadentes, que passam fome, excluídas, sem acesso à educação, saúde, moradia, água encanada, saneamento e outros benefícios.

Então, sobre isso, evoluímos ou não?

Se houve uma evolução, ela não é para todos?

Você já se perguntou o motivo de uns terem mais e outros terem menos?

Em outras palavras, porque uns têm muito e outros têm pouco ou quase nada?

Se você pensar sobre isso, poderá chegar à conclusão que há muito tempo, e cada vez mais, o mundo tende a parecer um lugar injusto. Ao considerar que o mundo é um lugar injusto, você deveria considerar também que esse fato, essa injustiça, não pode ser um acontecimento sem causas eficientes.

Por esse prisma, se tentarmos julgar essa aparente precariedade da situação das pessoas neste planeta sem saber os motivos ou o ponto de vista do Criador, creio que poderíamos ser levianos e precipitados.

Quero dizer que devemos considerar que todas as situações podem ser parte de um projeto pré-concebido do Criador e que essa proposta já estaria estabelecida na diferença entre os seres e no fato de as pessoas perceberem o mundo a partir do que percebem de si mesmas, por atuarem na vida a partir dessas diferentes condições.

Uma pessoa que se percebe boa vai ter a tendência, do ponto de vista dela, de achar que os outros também são bons, uma pessoa que se percebe confiável pensará que os outros também o são. Noutros sentidos, tanto bons, quanto maus, para qualquer direção, acontecerá o mesmo.

Assim, podemos ponderar que o ser humano forma o seu caráter, em parte, ao longo da vida, mas grande parte da sua essência vem com ele desde o nascimento. Dessa forma, podemos concluir que não seria possível mudar a maneira de ser de uma pessoa. Ela seria e viveria baseada principalmente, na "bagagem" que trouxe com ela.

Ao que tudo indica, cada um traz consigo ao nascer uma carga genética e energética atribuída de vidas passadas, mas principalmente da vida anterior.

Quem já se interessou por estudar os seres humanos ou quem já teve filhos, certamente percebeu que a criança já nasce "pré-formatada" com gostos e preferências específicas. Essas características peculiares de cada um colaboram para mostrar que existe mais vida além da vida, ou seja, que a gente não morre, efetivamente, que o corpo, claro, morre, falece, mas a energia do ser não. Dessa forma, essa ligação do ser com a energia presente está mais relacionada ao vínculo energético da vida passada mais próxima.

Popularmente, é muito comum as pessoas dizerem que o futuro é incerto ou que temos um "destino" atribuído aos desígnios de Deus. Entretanto, você há de concordar que Deus não seria justo se designasse um destino pré-determinado ou aleatório a cada pessoa. Além disso, quais seriam os critérios desses desígnios?

O mais plausível e aceitável é que a pessoa chega com um rumo, um norte, porque é preciso ter um ponto de partida, mas esse rumo, esse ponto de partida, é feito, programado, formatado e configurado pela própria pessoa, de uma forma ou de outra, em algum momento de sua existência.

A questão que resta é saber como é feita essa configuração. É isso que importa.

Parte dessa configuração leva em conta as condições personalíssimas de cada um, como eu já mencionei, especialmente em relação à sua vida passada mais recente. Essa formatação da próxima vida, ou da vida atual, é feita na vida anterior, quer seja por ação ou omissão.

Vou explicar.

Quem não sabe aonde quer ir ou onde quer chegar, pode chegar a qualquer lugar ou a lugar nenhum.

Isso significa que, se você não escolher, não souber ou não disser o que você quer na sua próxima vida, você poderá ocupar um lugar qualquer, já que você não escolheu antes. Existem muitos exemplos assim no cotidiano da vida, como você pode observar.

Por exemplo, quando você vai a um restaurante, você não diz, quero comida.

Seguramente, você escolhe o que quer comer, sob pena do garçom não te servir nada ou te servir qualquer coisa.

Por outro lado, um criminoso que esteja encarcerado não tem direito de escolher o que vai comer, recebe qualquer refeição, como consequência das más escolhas que fez.

Assim, da mesma forma ocorre no planejamento e na formatação da sua próxima vida. Você formata a sua próxima vida nesta vida, ou seja, na vida anterior.

Nesse sentido, você pode concluir que o que você é hoje é o resultado do que você fez ou do que não fez ou ainda do que quis ou do que não quis na vida passada. Analise comigo: todas as vagas da tripulação de um navio de cruzeiro turístico precisam ser preenchidas. Qual das vagas você iria querer ocupar?

Existe apenas uma vaga de capitão, mas existem muitas vagas de marinheiro, garçom, cozinheiro, copeiro, mecânico, faxineiro etc.

Da mesma forma, numa sociedade organizada moderna ou em qualquer tipo de comunidade, existem muitas funções para serem ocupadas. Para presidente do país só tem uma vaga, mas para outros cargos políticos, para empresários, para trabalhadores braçais, para ricos, para pobres etc., existem muitas outras vagas.

Então, tente me responder, por favor:

Qual atividade, situação ou posição você vai querer escolher ou querer receber?

Se você responder "não sei", está resolvido. O sistema vai escolher para você, porque, como eu já disse, existem muitas vagas para serem ocupadas.

De volta à vida presente, podemos afirmar que uma pessoa não consegue mudar aquilo que já veio com ela desde o nascimento, entretanto, qualquer pessoa pode acrescentar ou mudar a sua própria vida corrente, ou seja, aquela que está vivendo agora. Isso significa dizer que qualquer pessoa pode acrescentar ou mudar de hoje em diante.

O que quero dizer é que a pessoa pode mudar o seu futuro e também a sua próxima vida se souber fazer boas escolhas, alterando o que vai querer ter ou receber no futuro.

Você sabe, as pessoas são diferentes, em sua origem, cor, potencialidades, capacidade financeira, inteligência e em muitos outros aspectos, por isso cada pessoa vê o mundo de forma peculiar, a partir de sua configuração. Por todas essas diferenças e sem um manual de instruções, cada um segue um rumo na vida, às vezes segue um rumo certo, outras vezes incerto, sempre em busca do sucesso e do aprimoramento pessoal. Por haver tantas diferenças, naturalmente, não exista uma unanimidade.

Nesse sentido e pela forma como as sociedades foram construídas, não há como alterar, em curto prazo, as condições gerais da vida contemporânea. Isso significa que não há como patrocinar uma melhora geral na vida de todas as pessoas.

Uma vez compreendido que em curto prazo não se pode dar o melhor de tudo a todos, a atitude mais acertada e sensata é procurar dar a melhor condição de vida a cada um.

O sentido e o objetivo dos seres humanos deveria ser o de tornar o mundo, um lugar melhor e mais justo para todos.

Todavia, enquanto isso não acontece e enquanto não for possível que haja um consenso nesse objetivo de tornar o mundo um lugar melhor para todos, é legítimo que cada um procure melhorar o mundo para si próprio e ao seu redor. Para melhorar o mundo para si mesmo, individualmente, é preciso estabelecer uma ligação com o mundo energético, ou seja, você precisa acessar o mundo energético para ter acesso às ferramentas que o levarão a todas as conquistas e formas de sucesso pessoal.

Qualquer pessoa que estiver melhor posicionada, seja financeiro, social, intelectual ou emocionalmente, poderá e ajudará, de uma forma ou de outra, os menos favorecidos. Ao melhorar sua própria vida, essa pessoa estará melhorando também, automaticamente, a vida das outras pessoas.

O que eu estou tentando dizer é que uma pessoa pode mudar e transformar conscientemente aquilo que vai acontecer e aquilo que vai receber em sua própria vida a partir de sua própria energia e de seu próprio poder. Aplicando a lógica do Criador e pela utilização dos princípios da Energia do Poder, como veremos adiante, qualquer pessoa pode configurar ou formatar sua vida atual ou futura.

Essa é uma atribuição da própria pessoa, tendo em vista que o Criador já a concebeu autossuficiente e com o poder de gerenciar sua vida, sua essência, seu ser, fazendo o que quiser, por meio do conhecido e propagado "livre arbítrio".

Experimente. Você pode.

CAPÍTULO 13

SISTEMA ORGANIZADO UNIVERSAL – SOU

O mundo que vemos, ou o mundo aparente, mostra que nós vivemos num mundo "material", mas como diz o sábio ditado popular, "as aparências enganam".

É incrível dizer isso e acho que você pode até se surpreender, mas independentemente do seu grau de conhecimento sobre as coisas ou da grandeza das suas crenças pessoais, preciso te dizer que este mundo não é material. A matéria que você consegue ver e tocar é apenas uma representação energética daquilo que você percebe com os seus cinco sentidos.

Veja bem, tudo o que existe é feito de átomo, ou seja, 100% de tudo o que existe na Terra, sobre a face da Terra e envolta dela é feito de átomo.

O átomo não é feito de matéria, o átomo é composto de prótons, elétrons e nêutrons, em que prótons têm carga elétrica positiva, elétrons têm carga elétrica negativa e nêutrons não têm carga. Portanto, átomos são feitos de energia e não de matéria.

Ficou claro isso?

Absoluta e consequentemente tudo é feito de energia e não de matéria.

O Criador, dentro de sua sabedoria, competência, capacidade, poder e muitas outras supremas habilidades, sabia que para que o mundo feito de energia pudesse ter uma dinâmica existencial proativa, precisaria de um sistema capaz de observar, monitorar e gerenciar a vida, as capacidades e as atividades da vida sob o ponto de vista das manifestações energéticas.

Esse sistema parece complexo, mas é muito, muito simples.

Eu denominei esse sistema de Sistema Organizado Universal – SOU.

Trata-se de um sistema energético e automático, baseado efetivamente na Energia. O SOU foi instituído pelo Criador para viabilizar a manutenção da vida na Terra a partir de várias perspectivas.

Parte delas é de causa e efeito e leva em consideração todos os movimentos, todas as forças e todas as provocações. Quando eu digo todas, são todas mesmo, mas com diferentes graus de densidade e intensidade.

Esse sistema é autônomo e não possui nenhum agente físico ou metafísico que exerça fiscalização ou controle, pois funciona de forma automática baseado na energia.

A partir de manifestações energéticas, uma parte do que acontecerá conosco está baseada na configuração que trazemos do lugar de onde viemos, mas outra parte, de forma consciente, pode ser formatada aqui, enquanto vivemos.

Exemplificando de outra maneira, quero que você imagine que a maioria das pessoas, assim como você, não queira praticar o mal ou aquilo que se entende como mal.

Entretanto, sabemos que existem pessoas que conseguem fazer mal, ou aquilo que se entende como mal, para outras pessoas, sem se importar.

No mesmo sentido, muitas pessoas, assim como você, desejam e fazem o bem, ou aquilo que se entende por bem, para os outros.

Em qualquer dos casos, tanto para o bem como para o mal, essa energia que permite e compõe esses comportamentos acompanha essa formação, sendo um componente necessário na composição e no armazenamento da manifestação.

Essas manifestações energéticas emanadas das pessoas são formadas por fatores genéticos, psíquicos, físicos, químicos, metafísicos, culturais, emocionais, ambientais e existenciais, ou seja, são inúmeros os fatores que as compõem.

Cada pessoa, a partir de cada tipo de comportamento manifesta uma vibração energética, um tipo de energia, que se traduz em um código energético, que dá forma e intensidade energética ao seu comportamento e consequentemente, configura a sua vida, pela soma de todos os comportamentos, de todas as vibrações e de todas as atitudes.

Nesse sentido, as manifestações e vibrações energéticas acabam formando uma engrenagem perfeita que, por um lado, nos dá o livre arbítrio para podermos fazer o que quisermos e, de outro lado, nos categoriza, nos qualifica e nos enquadra por nossas ações, num certo perfil energético, sempre levando em consideração a configuração energética da manifestação.

Enfim, é assim que as coisas acontecem, por provocação, configuração e manifestação energética.

Assim que você pensar bastante sobre isso, vai ficar fácil imaginar e entender o sistema, pois existe uma lógica perfeita nisso tudo e se essa não fosse a lógica dos acontecimentos, qual seria?

Por outro lado, se essa não fosse a lógica dos acontecimentos, como se justificaria abundância para uns e escassez para outros?

Seria justo uma pessoa nascer saudável, linda, de boa família e rica, enquanto outra nascer doente, feia e pobre?

Aliás, é importante ressaltar que para o SOU não existe o bem e o mal como nós o consideramos. O que existe é o tipo de vibração que a pessoa emite e carrega, que impregna e dá forma à sua essência, não sendo essa vibração categorizada como boa ou ruim, negativa ou positiva.

Assim, com o advento da morte e a possibilidade de um retorno em uma nova vida, a energia da pessoa estará carregada daquilo que permeou a vida anterior dela e sua nova vida refletirá suas potencialidades energéticas, suas escolhas e seus desejos para a nova vida.

Para explicar o processo de nascimento, vida e morte e para te incentivar a pensar, eu gostaria de propor que você responda à seguinte pergunta:

Quem teria nascido primeiro: o ovo ou a galinha?

Por mais que as pessoas tenham se esforçado para responder, de forma verdadeira, ninguém conseguiu encontrar essa resposta e esse simples fato demostra que existe um enorme e misterioso fenômeno por trás da nossa existência.

Você nasceu da sua mãe, que nasceu da mãe dela, que nasceu da sua bisavó.

Mas quem foi a primeira mãe?

Quando surgiu o primeiro pai?

Como? Se ele teria que ter nascido de uma mãe?

Aquelas histórias de Adão, Eva, maçã, serpente e outros contos, que são tentativas infundadas, antigas e ultrapassadas de trazer aos seres humanos uma satisfação para essas situações inexplicáveis, não valem de maneira nenhuma.

Desde sempre, tudo o que não conseguimos explicar transferimos para o mundo metafísico ou espiritual, porque de lá, até que haja alguma prova em contrário, de maneira efetiva, ninguém pôde voltar. Os líderes religiosos sempre souberam disso e sempre usaram isso como instrumento de manipulação e domínio.

Pense bem, é bem verdade que temos esses e outros mistérios que não conseguimos desvendar, mas isso não importa. O que importa, já que estamos aqui, é para onde vamos.

É importante não aceitar e não se apegar àquelas explicações religiosas e ultrapassadas. O brilhante Steve Jobs, fundador da Apple, em uma entrevista para a TV em 2007, ao lado de Bill Gates, disse:

"Vamos inventar o amanhã em vez de nos preocuparmos com o que aconteceu ontem."

Assim, aceite sem reclamar que o passado passou. Trate de pensar no futuro, pois o futuro é o que importa.

Perceba que ninguém pode mudar ou fazer um novo começo, mas qualquer um pode fazer um novo fim. Olhe para a frente e cuide do que está por vir, cuide daquilo que você quer ver acontecer a partir de agora.

O SOU existe para resolver todas as questões, até mesmo as injustas que enfrentamos. Pense nesse sistema como uma coisa boa, que pode lhe ajudar se você quiser ser ajudado.

Pense no SOU como um sistema que vai, ao longo do tempo, corrigir imperfeições, premiar os bons e punir os maus, mas não por um julgamento das atitudes e sim por devolver ao emissário a mesma frequência energética emitida, ou seja, não se trata de uma premiação ou punição, mas a devolução daquilo que a sua mente manifestou, projetou, provavelmente executou e, por isso, atraiu.

Entenda que quando uma pessoa faz uma coisa, boa ou ruim, ela também manifesta isso energeticamente e está mostrando para o SOU aquilo com que ela está vinculada ou quer estar próxima. Dessa forma, o sistema devolve para ela aquilo que ela se identifica e manifesta energeticamente.

Falando de outra forma, fica patente que os pensamentos, as palavras e as atitudes vibram em uma energia própria que as identifica, seguindo uma lógica de identificação e aplicação energética do SOU. Se eu penso, falo ou ajo de acordo com um determinado assunto ou comportamento é porque eu, de alguma forma, me identifico com aquilo e provavelmente gosto daquilo. Portanto, se eu gosto, eu quero, e se eu quero, eu recebo. É a lógica.

Não tem lógica você se envolver com coisas ou com atividades que você não se identifica, assim, se você está vibrando naquela frequência, seja por atos, pensamentos, sentimentos ou palavras, é aquilo que você gosta, quer e precisa.

Talvez você diga que nem tudo o que você fala significaria que você quer e nem tudo o que você faz e deseja para os outros você queira para você mesmo. Pois é aí que mora o perigo.

Pelo entendimento do SOU, não tem lógica você desejar ou fazer para o outro aquilo que você não quer para si. A percepção dos comportamentos humanos de uma pessoa, por exemplo, ignorante e malformada, mostra que suas intenções, pensamentos e atitudes negativas são para os outros e não para si.

Nesse sentido, ela imagina que, se fizer ou desejar o mal, às escondidas, essas vibrações negativas, pensamentos, sentimentos e atitudes não a afetariam ou não seriam percebidas.

Ledo engano.

É exatamente por isso que o sistema é energético, porque não é preciso uma autoridade policial ou jurídica fiscalizadora que vá apurar os fatos, denunciar e punir, assim como não haverá uma entidade ou um programa de TV que premiará suas boas ações.

Veja que qualquer um pode fazer o que quiser, em público ou escondido, visto que alguns fatos serão descobertos e apurados pelo sistema de justiça pública, outros não.

Para um fato não descoberto e com a prerrogativa da impunidade, os desavisados imaginam que por ninguém estar sabendo das suas atitudes, dos seus pensamentos, ouvindo o que falam ou vendo o que fazem, eles não serão responsabilizados.

Novamente, ledo engano.

Comparativamente, no sentido bom, aqueles que usam pensamentos, sentimentos, palavras e atitudes boas em relação a tudo e a todos se vinculam às ondas energéticas atreladas a esses atos bons e essas energias também se aproximarão por pura identificação energética e não por julgamento. Em outras palavras, todas as iniciativas pessoais, tanto boas como más, são vinculadas à pessoa por aproximação energética e não como prêmio ou bonificação, castigo ou punição. Não há julgamento pelo SOU.

A verdade, realidade e consequências da lei da identificação e atração energética são implacáveis.

Não há como enganar o sistema energético, ele existe seguindo as circunstâncias que envolvem a lógica e funciona bem, quer você aceite ou não, quer você acredite ou não.

Você será vinculado energeticamente a todos os seus pensamentos, palavras e atitudes, fazendo com que você se aproxime de energias análogas às quais você emite, teme, imagina, vibra, deseja, pensa ou fala, por simples questão de lógica existencial.

Eu acredito que você consiga perceber que o Criador fez o nosso mundo muito bem feito, pois na natureza tudo funciona perfeitamente.

Partindo dessa constatação, você acha que o Criador iria permitir qualquer descontrole que pudesse pôr em risco ou abalar a sua criação? Claro que não.

Sendo o Criador um ser tão competente e tão superior, seria muita ingenuidade ou irresponsabilidade da parte dele permitir deslizes, você não acha?

Contudo, você não precisa nem deveria encarar com desconforto eventuais dúvidas, ao contrário, você deveria ficar feliz, pois existem algumas soluções que aliás são muito simples.

As soluções começam com você pensando, falando e fazendo apenas aquilo que você quer e deseja para si. Se não serve para você, não sinta, não queira e não vibre, assim você vai se conectar apenas com aquilo que se identifica com você.

Não se permita ter pensamentos, palavras ou atitudes dirigidas a quem quer que seja e que você não desejasse receber de volta para si mesmo.

Não fale palavras consideradas negativas.

Palavras negativas são aquelas que ensejam situações negativas.

"— Não quero te perder." Enseja uma situação negativa, a perda.

"— Quero ter sempre você comigo." Enseja uma situação positiva, o ganho.

Assim, gradativamente, se você se acostumar a falar somente palavras positivas, ou que ensejem situações positivas, já terá começado a trilhar o caminho do sucesso.

Consecutivamente, habitue-se a afastar os pensamentos ruins e, definitivamente, abstenha-se de práticas negativas.

Práticas negativas seriam aquelas que de alguma forma possam estar desfavorecendo qualquer coisa, pessoa, ser ou situação.

Enfim, não atue contra nada e em desfavor de nada, só a favor e assim também será a mão dupla energética, a forma energética de como você fala, pensa ou age, vai voltar para você trazendo de volta sua própria vibração.

É fácil, não é?

CAPÍTULO 14

NOSSAS ESCOLHAS

A despeito da diversidade, nossa realidade mostra que as pessoas seguem caminhos distintos pelas escolhas que fazem e estas fazem toda a diferença. A maioria das pessoas tem consciência da dificuldade e da responsabilidade que é fazer uma escolha e, sem saber qual seria a melhor opção, somos convocados a escolher entre certas alternativas, sem a segurança de saber que estamos fazendo a melhor escolha.

Felizmente, em sentido amplo, não existem escolhas erradas. Uma escolha que é boa para uma pessoa, pode não ser boa para outra, pois há que se levar em consideração também que a diversidade já está prevista na Criação.

Olhe ao seu redor.

O que seria da humanidade se nós tivéssemos apenas profissionais de uma só área, se só um produto fosse produzido.

Como ficariam as outras atividades e necessidades?

Você poderá pensar que fez uma escolha errada quando algo saiu errado e, ao contrário, se tudo der certo então você vai pensar que fez a escolha certa.

Perceba que todo o planeta, em todos os sentidos, funciona na base da energia e em função da energia.

Neste ponto da sua leitura, você já tem condição e já poderia começar a usar e aplicar o Poder que a Energia tem.

Como você já sabe, o princípio fundamental da vida e da matéria está baseado no átomo e a partir do átomo. Você também sabe que o átomo é feito de energia e tudo é feito de átomo, logo, tudo é feito de energia.

Entendendo isso e através da aplicação e do uso da Energia do Poder, você vai conseguir, via de regra, fazer sempre as melhores escolhas possíveis para você naquele momento.

Isso parece incrível, não é?

Além de incrível, é totalmente possível para você também... mas como isso seria possível?

A coisa toda começa com a aplicação de algumas "ferramentas" que, em princípio, estão à disposição de todos e estão baseadas na convicção de que vivemos num "mundo energético" e, por isso, é previsível e configurável.

Essas ferramentas são capazes de colocar à sua disposição um indescritível catálogo de opções, com oportunidades para você realizar tudo o que é possível de ser realizado.

Contudo, nós só vamos tratar da prática do uso das possibilidades do poder num capítulo mais adiante. Por enquanto, comece a pensar em como seria empolgante se você pudesse controlar ou configurar os acontecimentos que hoje você acha que seriam impossíveis de serem controlados.

Imagine você no controle do que vai acontecer no futuro...

Imagine você não sofrendo ou não passando por acontecimentos ruins...

Isso é possível sim...

Quer tentar?

CAPÍTULO 15

UM POUCO MAIS DE ENERGIA

A partir desse momento é importante que você consiga se desprender dos seus velhos conceitos e de outros conhecimentos que eventualmente até hoje lhe foram apresentados, para se permitir compreender e perceber o mundo de outra forma, com base em um conceito mais novo e mais moderno.

Procure se livrar dos dogmas e das doutrinas religiosas que nunca deram respostas certas nem convincentes às perguntas que você sempre teve.

Utilizando seus melhores recursos cognitivos e psicológicos, aliados à sua capacidade imaginativa, prepare-se para explorar informações baseadas na lógica do funcionamento de tudo o que existe na vida, neste planeta.

Muitas são as formas e tentativas, principalmente religiosas, de explicar as forças que movem o funcionamento da natureza à qual estamos inseridos e o modo como essas forças promovem os acontecimentos. Contudo, em função da complexidade desse assunto, da formação pessoal de cada indivíduo e da falta de conhecimento amplo sobre a abrangência desse tema, torna-se difícil convencer as pessoas, em um primeiro momento, sobre as possibilidades e oportunidades que se apresentam a partir da compreensão da força da Energia do Poder, para a manutenção dos acontecimentos.

Fique firme na leitura, seja paciente e confie, pois, assim como eu, você também vai conseguir perceber e eu vou estar presente para ajudá-lo nessa tarefa.

Assimile a Energia do Poder como uma energia natural que existe no nosso planeta, que é capaz de ser a base de tudo, de proporcionar tudo, transformar tudo, modificar tudo e conceber tudo.

O livro Energia do Poder aborda essa força abundante, coerente, séria e eficiente, que até parece mágica, mas que a ciência moderna que estuda sistemas moleculares atômicos e subatômicos, começa a explicar como sendo um fenômeno baseado na emissão de blocos de ondas eletromagnéticas, denominados quanta.

Esse poder ou essa força que a ciência atualmente chama de Mecânica Quântica e que é a base da Energia do Poder, foi disponibilizada de forma natural pelo Criador em sua Criação. Esse poder funciona, entre outras utilidades, para que cada pessoa consiga se manter e se proteger no meio de tantos movimentos energéticos e ameaças constantes.

Vale salientar que a Energia do Poder, em função de sua primariedade original, estará sempre à disposição no meio em que vivemos, porque, na verdade, ela está dentro de você e ao seu redor, ela te pertence e você está dentro dela, envolto nela.

De qualquer forma, sempre será perfeitamente possível viver e sobreviver sem se aproveitar sistematicamente da Energia do Poder em benefício próprio ou sem ter a noção correta da existência dela ou ainda de como ela funciona. Contudo, assim como podemos escolher nos beneficiar ou não das comodidades modernas e dos avanços tecnológicos, também podemos nos beneficiar ou não da aplicação e uso da Energia do Poder.

Entretanto, dizer que o aproveitamento do uso consciente e premeditado da Energia do Poder poderia melhorar muito a sua qualidade de vida e colaborar para evitar surpresas desagradáveis, é ser redundante e repetir mais uma vez o que tem sido dito constantemente neste livro.

Não havemos de nos preocupar também com a disponibilidade, pois o universo tem disponibilidades abundantes de energia e pode atender a todos os interessados.

Todavia, há uma questão que precisa ser ressaltada que é a do espaço-tempo vinculado à dinâmica dos acontecimentos e da provocação dos acontecimentos, ou seja, quando você resolve dinamizar um acontecimento, para que a sua vontade ocorra e para que o seu "pedido" seja atendido, muitos outros acontecimentos terão que ser modificados. Assim, dependendo do tipo de acontecimento que você queira promover, certos ajustes precisarão ser feitos e isso levará algum tempo.

Talvez o seu acontecimento não ocorra com a rapidez que você gostaria ou até mesmo nem ocorra. Isso vai depender da consideração de muitas variáveis, especialmente se o acontecimento precisar ou quiser alterar também a vida de outra pessoa.

Estou querendo dizer que, para que situações ou acontecimentos sejam modificados, é preciso um lapso temporal.

O tempo é importante porque, para que algo mude, muitos outros acontecimentos futuros paralelos também têm que ser modificados, e a necessidade de modificar os acontecimentos paralelos existe por uma simples questão de pura lógica.

Para que as coisas aconteçam da forma como você quer ou deseja, outros acontecimentos precisam mudar também, mas não se preocupe, o SOU faz isso de forma constante e sistemática.

Essa explicação é importante porque é preciso entender que um acontecimento transformado, modifica ou modificará vários outros acontecimentos, como mostrou o filme *Efeito Borboleta*.

Imagine a hipótese de uma pessoa que iria morrer solteira aos vinte anos de idade. Caso ela não morra, muita coisa vai mudar. Ela vai trabalhar, casar, comprar casa, ter filhos, ou seja, ela vai estar em lugares e provocar situações que não existiriam se ela já tivesse morrido.

Talvez você questione esse exemplo porque você imagina que não é possível controlar certos acontecimentos, como o evento da própria morte. Com certeza, da morte do corpo ninguém escapa, mas você pode controlar o evento morte, não morrendo de qualquer jeito, não morrendo antes da hora, ou não morrendo de um jeito que você não gostaria, ou seja, não deixando o evento morte ser um acontecimento aleatório na sua vida. Nesse sentido, você pode sim controlar o evento morte.

É bem difícil escolher como morrer, não é?

Bem, muito melhor do que escolher como morrer, é escolher como viver. Escolher viver com saúde e felicidade, com dinheiro, com alegria e outras situações boas e favoráveis. Percebeu como o foco muda completamente?

No meu caso, eu não escolhi como vou morrer — nem quero pensar nisso —, mas sei que não vou morrer agora porque faço a manutenção correta para a continuidade da minha vida, com a aplicação do poder da mente, sustentado pela energia que me envolve. Eu desejo e promovo ainda a ideia de que esses anos todos de vida que me restam sejam vividos com boa saúde, felicidade, dinheiro e vários outros benefícios que eu faço questão de ter.

Para mim, mais importante do que pensar na morte, que efetivamente não existe, é programar minha vida atual e a minha próxima vida, estabelecendo os parâmetros pelos quais eu desejo nortear as minhas existências. Eu sei e tenho certeza de que, baseado na forma pela qual estou configurando os acontecimentos, minha morte vai acontecer de forma natural, por envelhecimento mesmo.

Se você estiver lendo este livro depois do evento derradeiro da minha vida, poderá comprovar que eu estou ou estava certo.

Eu estabeleci a idade de 125 anos como uma meta de tempo de vida. Essa é uma meta. Essa é a minha meta. Quero viver esse tanto para usufruir, ver e comprovar minha própria teoria.

Todas as minhas afirmações levam em consideração também alguns outros fatores. Em primeiro lugar, que sou eu quem escolhe os meus caminhos, mas eu não tenho o controle do tempo, do espaço e de todos os movimentos universais.

Em segundo lugar, que em função da manutenção que eu faço dessa minha vida e da minha próxima vida, cabe ao SOU e não a mim saber qual é a hora de entrar e sair, sempre no melhor atendimento aos meus desejos. Acho que esse é um detalhe importante a ser assimilado e captado por você também.

Você não é o dono do mundo, tampouco é o filho do dono e nem eu. Você é um ser humano, uma pessoa, que vive aqui e tem a prerrogativa de fazer a manutenção da sua vida, de acordo com sua conveniência.

O detalhe é que essa manutenção também está baseada na configuração que vem desde antes, ou seja, de uma forma ou de outra, você já usou os controles de manutenção dessa vida antes, nas vidas passadas, consciente ou inconscientemente.

Por isso, não vale você dizer que não escolheu essa vida pra você.

De repente você pode até ter razão, não escolheu essa vida, mas também nenhuma outra, portanto preencheu uma vaga que precisava ser preenchida. Você entende que quem não sabe para onde quer ir, pode chegar a qualquer lugar.

É muito simples: o SOU não pode te ajudar a promover os acontecimentos se você mesmo não sabe para onde você quer ir. Indique qual é a sua vontade, diga onde quer chegar, reforce sua vontade com um agradecimento e o SOU através de critérios lógicos e outros emanados de dentro de você, vai te levar até onde você puder chegar.

Mas que critérios seriam esses? Bem, os critérios são sempre energéticos e são aqueles que estão consubstanciados na sua energia, ou seja, no que você é, pensa, fala, sente, deseja e manifesta.

Pense um pouco e responda:

Quem é você?

O que há dentro de você?

Como você se comporta em relação às outras pessoas, em relação às outras coisas, a outros seres, ou seja, como é que você vê e interage com o mundo?

Não estou aqui para julgar, nem a você nem a ninguém. O julgamento de qualquer pessoa de nada importa, pois o que importa mesmo é o seu próprio julgamento em relação a você mesmo.

Como você sabe, existe uma lei da física que diz que toda ação tem uma reação igual contrária e no plano energético, com certeza isso é muito coerente e aplicável. Vou dar um exemplo bobo, de mim mesmo, que me veio ao pensamento agora.

Eu, por exemplo, não mato baratas e me esforço para não pisar em formigas, mas tem gente que não liga, tem gente que cria o porco e depois o mata. Eu não sou assim, eu não conseguiria fazer isso nunca.

Não estou dizendo que isso é errado nem estou julgando, só estou dizendo como eu sou e eu faço isso por uma forma de ser que está em mim, eu sou assim. Estou tentando dizer que as pessoas agem como resolvem agir e muitas vezes não estão preparadas para as consequências de seus atos.

Você tem o livre arbítrio e você pode agir como quiser, mas energeticamente suas ações estarão gravadas em você, como uma tatuagem ou como um código de barras energético.

Eu sei que pessoas fazem coisas questionáveis achando que não vão ser responsabilizadas. No plano terrestre, é óbvio que, se um ato não puder ser apurado, o agente não vai ser julgado e não haverá consequências.

Entretanto, será que dentro do sistema de controle energético elaborado pelo Criador, um ato questionável poderia ficar sem nenhuma consequência? Eu tenho certeza que não.

Algumas pessoas imaginam que, se ninguém está vendo ou sabendo daquilo que elas estão fazendo, elas não serão responsabilizadas pelos seus atos.

Com base também nisso, o SOU tratou de esquematizar uma forma de equilibrar energeticamente os acontecimentos, tanto os que são feitos à vista de todos, como os que são feitos de forma oculta. Assim, não é porque o seu pensamento ou sua atitude estão ocultos que eles não têm uma consequência energética.

Seria muito fácil. A pessoa age como quer, ninguém vê, ninguém sabe e ela não responde por isso.

Não se trata de fazer apologia a um comportamento irreparável, até porque qualquer comportamento a favor ou contra sempre atingirá o seu próprio emissor e refletirá nele. Estamos tratando de conscientizar que toda ação tem uma reação natural igual contrária.

Observe este exemplo:

Os filmes, como você sabe, são situações fictícias que muitas vezes buscam representar histórias da vida real. Quando um diretor de cinema grava um filme, ele tem o controle de todas as falas, situações, atitudes e movimento dos atores mais importantes, que são cuidados e protegidos de todas as formas nos locais de filmagem.

Os atores mais importantes, por sua vez, também são controladores, pois escolhem e aceitam ou não o papel oferecido, fazem suas exigências, conforme o grau de importância que têm, e também se cuidam e se protegem. Porém, perceba que o diretor do filme não se importa com os figurantes que têm menor importância e, além de não se importar com o que eles falam ou fazem, tampouco os controla ou os protege, ele utiliza apenas vagas orientações para que as cenas do filme pareçam naturais.

Ao usar esse exemplo, quero deixar claro que as situações não controladas também acontecem e ocorrem simplesmente por fazerem parte do contexto da vida, ou seja, na vida existe de tudo, nascimento, crescimento, morte, dormir, acordar, comer etc.

Detalhadamente, você deve saber que o SOU não vai controlar a folha seca que cai de uma árvore no interior do Canadá. Ele participa energeticamente dos acontecimentos provocados, requisitados, informados, pleiteados e desejados, considerando tudo.

Assim, se você não sabe aonde quer chegar, provavelmente, vai chegar em qualquer lugar. Ninguém vai dar a você um prêmio de loteria se você não jogar, ninguém vai lhe agradecer se você não fizer nada.

Você precisa atuar, precisa fazer parte, pedir, oferecer, tomar partido, provocar e se mostrar, para que as coisas aconteçam ou para que o sistema saiba o que precisa acontecer. Esse é o Princípio da Provocação.

Se você não se manifestar a respeito de algo, ninguém vai lhe responder, de forma nenhuma, simplesmente porque não foi provocado. Ao contrário disso, aquele que sabe para onde que ir e sabe provocar, tanto na vida cotidiana, como no plano energético, com certeza vai conseguir o que quer.

A propósito, qualquer manifestação de vontade ou provocação deve pautar por coisas possíveis, não se pode querer o impossível.

Deseje e projete coisas possíveis.

Você e todo mundo sabe que não se pode pular, sem nenhum equipamento, do alto de um prédio de dez andares e querer chegar ao chão salvo. Isso não é possível.

Por outro lado, é perfeitamente possível você fazer uma longa viagem de carro, até por todo o mundo, e obter os melhores resultados em todo o trajeto, com tudo transcorrendo bem. Isso é perfeitamente possível.

É para isso, para as coisas possíveis, que a Energia do Poder funciona.

CAPÍTULO 16

AS ESCOLHAS NO TEMPO

Suas escolhas são muito importantes, mas para cada escolha se concretizar, o ambiente e as situações terão que estar de acordo. Isso significa que, se você escolher a doença, e eu sei que você voluntária e conscientemente não vai escolher a doença, mas essa escolha pode acontecer de forma descuidada. Continuando, se você escolher a doença, o SOU – Sistema Organizado Universal, tem que providenciar as situações correspondentes à doença, como vírus, bactérias, deterioração das células, falta de autodefesa, imunidade baixa, falta de informação, falta de dinheiro, ambientes hospitalares, ambulância, médico, enfermeira, remédio, tristeza etc.

Por outro lado, se você escolher a saúde, o SOU terá que providenciar e deverá te proporcionar todas as situações relativas à vida com saúde, como um corpo forte, resistente e saudável, situações positivas de sucesso, passeios, alegria, festas, viagens etc.

Esses exemplos foram usados para que você entenda que o SOU precisa se organizar para providenciar aquilo que você quer ou aquilo que você atrai, mas para isso ele precisa de tempo.

Essa configuração, consciente ou não, sobre saúde ou doença, você acumula ao longo de toda a sua vida. Normalmente, uma pessoa que se vê doente hoje, acha que a doença começou ontem. Não, ela construiu essa doença ao longo da vida, por questões físicas, químicas, psicológicas e principalmente energéticas.

É nesse sentido que a questão do tempo é tão importante. Não dá para uma pessoa que sempre vibrou a energia da doença chegar à velhice e querer ser saudável. A saúde na velhice também é construída, energeticamente, ao longo da vida.

As palavras, amparadas pela escolha, carregadas de energia, aliadas aos sentimentos e ao tempo, são alguns dos principais atributos essenciais para a formação dos acontecimentos.

Quero tranquilizar você que está lendo este livro agora, que passou a vida toda pensando e agindo de uma determinada forma e, por isso, obteve os resultados e as consequências relativas ao seu modo de se comportar, mas que agora quer mudar sua vida, fique tranquilo, pois tudo vai estar bem. Sua decisão é importante e você vai conseguir se tiver um pouco de paciência e souber que tem que usar o poder da mente e que tem que respeitar o tempo.

Dependendo do seu desejo, você vai precisar de mais ou menos tempo para fazer acontecer o que quer.

Veja, se você quer uma casa e não tem dinheiro, poderá demorar um pouco mais. Entretanto, se você deseja trocar de emprego, esse acontecimento pode acontecer bem rápido. Você já pode começar a preparar energeticamente a sua ida para o novo emprego e já pode começar a se imaginar lá.

Se você vai fazer uma viagem e quer que tudo dê certo, você já deve começar a preparar, energeticamente, essa viagem, a partir do primeiro momento em que sabe que vai viajar.

Se você quer encontrar alguém para fazer parte da sua vida, como em um casamento, o tempo pode ser muito variável, dependendo do tipo de pessoa que você quer. Uma pessoa mais jovem terá mais tempo para preparar o caminho para encontrar o par ideal.

O importante mesmo é você saber e entender que pode conseguir tudo o que é possível, mas que o tempo terá que agir primeiro, ou seja, seu desejo, para ser atendido, leva algum tempo.

É por isso que eu prefiro facilitar as coisas para o SOU desejando de forma específica. Eu gosto, por exemplo, de desejar felicidade, gosto de desejar riqueza e gosto de desejar saúde. Quando digo que prefiro facilitar, quero dizer que, se você especifica o desejo, você facilita o atendimento.

Provavelmente você não saberá qual é o melhor caminho para atingir seu objetivo, mas o SOU sabe.

Como ele sabe?

Ele sabe porque já trabalha na sua programação e na programação de todos, energeticamente, ao longo dos tempos. Não é de hoje que você é o que é, assim como não é de hoje que você pensa o que pensa, você já é assim há muito tempo.

Se você se antecipa e, em vez de desejar uma pessoa específica, escolhe desejar a felicidade, estará dando a si mesmo a oportunidade de ser feliz e ao SOU a oportunidade de providenciar o que seria melhor para você e não o que você acha que seria o melhor para você.

Se você desejar a felicidade e a ela não estiver ao lado daquela determinada pessoa, automaticamente, você não se casará com ela, simples assim. E se você imaginar que a felicidade será casar com essa pessoa específica, então você se empenhará ao máximo e não quererá nenhuma outra.

Nesse caso, você fez sua escolha e vai receber as consequências relativas à sua escolha. Essa opção pode ser arriscada e talvez não tenha o aval do SOU, conforme seu modo de ser e o modo de ser da pessoa.

Todavia, você não precisa do aval do Sistema Organizado Universal. Na verdade, o SOU nem liga se você vai ser infeliz ou vai se divorciar, para esse Sistema essa é uma questão relativa às suas escolhas.

Acho que você lembra que, para a Energia do Poder agir, o SOU precisa ser provocado. Então, antes de tudo, você tem que escolher o que você quer.

Você deverá escolher se você vai usar a Energia do Poder a seu favor ou vai permitir que ela seja usada contra você.

Esse termo "contra você" talvez não fique muito claro porque ninguém quer usar algo "contra" si mesmo.

Eu entendo esse ponto de vista e concordo, mas, infelizmente, o sistema implantado pelo Criador não entende assim. Para o Criador e para o SOU, não existe bem ou mal, só existe a energia emanada e aplicada.

É por isso, por exemplo, que os acidentes danosos acontecem. Na verdade, esses acontecimentos não são vistos pelo SOU como "danosos", são vistos apenas como acontecimentos solicitados ou permitidos. Nesse sentido, vai acontecer com você aquilo que você "quiser" ou aquilo que você atrair, independentemente de você considerar esse fato bom ou não.

Sei que é muito difícil aceitar e até entender, mas o fato é que, se você fala muito sobre uma coisa, você vai atraí-la, mesmo que seja ruim e que você não queira. Você realmente não queria o acontecimento, mas falou sobre ele e, portanto, o atraiu.

Esse é o motivo pelo qual eu insisto que você entenda que você deve dizer e sentir apenas aquilo que estiver vinculado ao que seja positivo e com o que quer e não relativo ao que não quer. O fator positivo é aquele que se contrapõe ao fator negativo.

E o que poderia ser entendido como fator negativo?

Negativo é tudo aquilo que você imagina que seria ruim para você ou para qualquer pessoa. Por exemplo, a palavra "perder" remete a algo negativo, portanto é uma palavra que não deve ser usada; por outro lado, "ganhar" tem sentido positivo e é uma palavra que pode ser usada livremente.

Ao construir as frases, use palavras com potencial positivo e evite as palavras com força negativa.

Prefira "Quero ganhar dinheiro" a "Não quero perder dinheiro".

Com um pouco de disposição para mudar o jeito de ver o mundo, de ver as pessoas e os acontecimentos, mudando também o jeito de falar e sentir, você vai perceber que existe uma grande diferença energética nas palavras e vai notar que, realmente, foi bom optar por palavras positivas, pois faz todo o sentido.

Também é importante emanar energias boas e limpas, puras, sem negatividade, sem ressentimento, ódio, mágoa ou inveja. Tenho certeza que você vai conseguir controlar tudo isso.

CAPÍTULO 17

AS PALAVRAS

Saber querer é um detalhe muito importante no processo de transformação.

Não é saber pedir, é saber querer.

Há uma expressão que diz: "Para quem não sabe para onde quer ir, qualquer caminho serve". Então vamos supor que uma pessoa quer casar, mas faltou dizer vários outros detalhes.

É necessário detalhar, por exemplo, se quer casar com um homem ou com uma mulher, se essa pessoa deve ser branca, negra, loira, morena, oriental, indígena etc. Você não pode deduzir que suas escolhas sejam conhecidas pelo sistema, até porque, como eu tenho insistido, o poder se instala na mente, mas se manifesta por meio das palavras faladas, então você precisa falar.

Se você tem preferências, como querer uma pessoa bonita ou jovem, loira ou morena, alta ou baixa, magra ou gorda, rica, pobre, honesta, sincera, carinhosa, equilibrada, educada, trabalhadora, de boa família ou saudável, etc., deve explicitar isso. Veja que eu usei principalmente atributos positivos; sim, porque ninguém vai querer alguém com atributos negativos, isso parece lógico.

O interessante é que, se você não fala, não identifica o que você quer, mesmo considerando que todo mundo só quer características positivas, você pode receber alguém com características negativas ou que você não goste, simplesmente porque não falou.

Por outro lado, informar todos esses requisitos só será necessário para quem sabe o que quer. Quem não sabe o que quer, ou quem aceita qualquer pessoa ou ainda quem quer deixar por conta do "destino", não precisa se preocupar.

Você precisa perceber que tudo o que você não disser, poderá ser uma lacuna preenchida por qualquer atributo aleatório. Se você disser apenas que quer se casar com um homem rico e bonito, pode ser que você realmente consiga se casar com um homem rico e bonito, mas ele também pode ser violento e desonesto.

Eu tive que escrever "pode ser que você realmente consiga se casar" em vez de afirmar que você vai casar, porque existem vários outros fatores envolvidos no processo energético da modificação.

Por outro lado, entenda que os conceitos de beleza e riqueza são relativos, ou seja, você não precisa ter um bilhão de dólares para ser uma pessoa rica.

Nesse sentido, saiba realmente o que você quer e saiba explicar acertada e detalhadamente em voz alta o que quer.

Baseado na configuração dos seus desejos, o SOU, que é energético, vai conseguir saber com antecedência o que pode e o que deve ser feito, assim como o caminho que vai ser usado para poder te entregar, se for o caso, o seu desejo.

É o SOU – Sistema Organizado Universal quem consegue ver e saber o futuro, porque é ele quem tem que providenciar tudo, de acordo com as vibrações emitidas por você e por todos os outros seres da Terra. É incrível poder dizer isso e é impressionante descobrir e saber que tudo isso funciona dessa forma.

Os organizadores, usando fórmulas e sistemas energéticos, enxergam tudo, sabem tudo e te dão, sem culpa ou mérito, aquilo que você deseja e merece.

Para o Sistema Organizado Universal, não existe coisa boa ou coisa ruim, nem gente privilegiada ou preterida.

Se você disser "obrigado, felicidade", você vai receber felicidade.

Se você diz, "não quero tristeza na minha vida", você vai receber tristeza na sua vida.

Isso tudo leva em consideração também suas características pessoais, como eu já mencionei. Falar em voz alta é o que faz a diferença. É por isso que falar o que quer em voz alta é tão importante.

Perceba que ninguém roga praga em pensamento. Todas as pragas rogadas são faladas. Nos vários filmes de bruxas que já vimos, elas sempre usam frases faladas em voz alta para fazer funcionar suas poções e feitiços.

Imagine uma situação em que você pensa alguma coisa não muito simpática sobre uma colega de trabalho que acaba de chegar ao seu lado. Você pensou, mas guardou para você, não falou. Nesse caso, como ela não sabe o que você pensou, não sabe sua opinião, ela não vai responder, nem fazer nada, nem vai reagir a nada.

Agora imagine a mesma situação em que essa mesma pessoa chega do seu lado e então você fala:

— Credo, Maria, como você está gorda!

Pronto, você registrou. Agora ela já sabe o que você pensa a respeito dela e pode agir ou reagir em relação a isso.

Da mesma forma funciona com o SOU, se você fala, você registra, se você não fala, não registra. Simples assim. É bem de acordo com aquela famosa frase dos filmes policiais americanos que diz: "Tudo o que você disser poderá e será usado contra você".

Então, é isso aí. Desse jeito mesmo!

Inclusive quando você fala alguma coisa que você não deseja, isso fica registrado. Quando você está com amigos ou com seus pais ou irmãos e conversa com eles, daquele jeito informal, sem compromisso, sem se preocupar com a qualidade do que está falando, ou mesmo quando você fala "brincando", mesmo essas palavras também são registradas energeticamente. É por isso, por essa lógica aplicada e ligada ao mundo energético e ao poder da mente, que as palavras proferidas ficarão registradas.

Se você diz que quer ser saudável, vai ser saudável. Se você diz que não quer ter doença, vai ter doença. Se der o nome da doença que não quer, vai ter justamente aquela doença. Isso pode parecer bem estranho, absurdo e até injusto, mas é assim que funciona e, se você analisar direitinho, vai ver que não é injusto não.

As palavras faladas têm grande poder e precisam ser usadas corretamente.

Em relação à identificação da pessoa e ainda dentro do mesmo assunto, podemos considerar o estudo de cada termo de uma oração.

Vamos descobrir que a análise sintática ensina que o sujeito é o termo pelo (do) qual se enuncia alguma coisa.

O sujeito é o agente da ação verbal na voz ativa, é quem pratica a ação expressa pelo verbo, é aquele que concorda com o verbo. O sujeito pode ser simples, composto ou indeterminado, que existe, mas não pode ser identificado ou individualizado.

Assim, toda vez que você identificar o sujeito, suas palavras carregadas de energia vão para ele e, é bom lembrar, conforme o sentido da frase, a intenção e a energia vinculadas também voltam para você. Nesse sentido, se você quiser desejar algo bom e positivo para alguém, direcione a frase com as informações precisas, dizendo o nome e a identificação do sujeito.

Ao contrário, se o conteúdo da fala não for positivo, você não deve usar como exemplo pessoas ali presentes, quero dizer, você não deve especificar ou identificar o sujeito em uma determinada frase com efeito negativo.

Esse jeito de falar, não identificando nenhum sujeito numa frase negativa, vai ajudar bastante, pois não se poderia atribuir uma relação de causa e efeito a ninguém.

Estou querendo dizer que você não deve construir frases com "você", por exemplo, quando está conversando com alguém, do tipo, "se você morrer" ou "se você ficar doente", quando está em uma conversa, que poderia até certo ponto ser considerada desnecessária, usando o pronome "você" no contexto.

Nesse caso, substitua "você" pela palavra "alguém" ou alguma coisa parecida com sujeito oculto, pois assim você não vai direcionar a energia negativa para aquela pessoa com a qual está conversando.

Para que você possa aprender a fazer uso das palavras da forma correta, você deverá observar quais as palavras que você vai utilizar e até o jeito de falar. É preciso dar atenção ao fato de que a sua forma de falar precisa ser bem observada.

Eu mesmo, quando converso com qualquer pessoa, me policio e procuro falar sempre "corretamente", no sentido energético. Muitas vezes tenho que usar outras palavras que dão a entender ou até antônimos para falar de um assunto, simplesmente para não proferir palavras negativas.

Entenda as palavras negativas como palavras que representam ações, fenômenos ou coisas negativas, como as palavras cair, perder, fracasso, doença, derrota, azar, prejuízo etc. Você não deveria falar sobre elas, mas se realmente for importante falar sobre esses assuntos delicados com alguém, em vez de usar palavras negativas, use os antônimos, ou seja, outras palavras que tem sentido positivo.

Habitue-se a usar palavras positivas como levantar, ganhar, progredir, sucesso, saúde, conquista, sorte, lucro etc.

Nesse sentido, em vez de dizer: "Não quero que o faturamento caia", diga "quero que o faturamento aumente". Ou, em vez de dizer "não quero ficar doente", diga "quero me manter saudável". Em vez de dizer "não quero te perder", prefira dizer "quero ter você para sempre comigo".

É preciso entender e aceitar que se você manifestar aquilo que não quer, também vai receber, ou seja, mesmo não querendo, vai receber o que não quer, só porque falou.

Você precisa ser uma pessoa positiva e objetiva. Você deve dizer aquilo que realmente quer e não dizer aquilo que não quer. Queira o que quiser e manifeste isso. Aquilo que você não quer, nem manifeste.

Dizendo de outra forma, não fale e também não sinta medo, procure nem pensar em coisas negativas e simplesmente afaste esses pensamentos da sua mente. Caso venha à sua mente um pensamento negativo, combata-o com uma frase positiva em voz alta no sentido contrário ao do pensamento negativo.

Por exemplo, se você pensou: "Não quero ter prejuízo", diga em voz alta uma frase positiva contrária: "Obrigada ou obrigado por eu ter lucro!".

Ao adotar essas práticas, será possível atrair e conseguir com convicção, confiança e autoridade aquilo que você quer ou deseja. Você não precisa se preocupar em como você vai conseguir. Não se preocupe com isso. Apenas foque no positivo.

O próprio Sistema Organizado Universal, o SOU encontrará uma forma de te oferecer o que você está querendo, pelo reconhecimento da sua manifestação, mas considerando também suas intenções, vibrações, pensamentos, emoções, sentimentos e palavras.

Perceba que o desejo é uma vontade. O desejo é o primeiro a aparecer. É algo que inicia, que brota, que começa, antes de tudo.

É na mente que tudo se cria e é a partir da mente que tudo se transforma. No momento que você percebe que está querendo algo, você deve saber que esse desejo se forma ou se formou, antes, na mente.

CAPÍTULO 18
DETERMINAÇÃO

Em função da diversidade dos seres humanos e seus diferentes interesses, uma ou outra pessoa, ao considerar sua própria vida, poderá pensar ou falar sobre o quanto é infeliz ou o quanto é difícil levar a vida que leva. Essa pessoa infeliz certamente gostaria que algumas ou muitas coisas fossem diferentes ou melhores. Provavelmente essa pessoa infeliz queira modificar as coisas e mudar de vida, mas não sabe como fazer isso.

Se você passar por algum acontecimento "aparentemente" ruim, como perder um amor ou perder o emprego, você não deve reclamar ou manifestar ingratidão, seja por sentimentos e palavras sobre o ocorrido. Mantenha a calma e reflita.

Faça um exame íntimo e, com seriedade e sinceridade, verifique se está aplicando sua energia corretamente, através de sentimentos, emoções, atitudes ou palavras. Procure pensar que aquele acontecimento "ruim" provavelmente foi necessário (sempre em função de sua manifestação energética) para que você pudesse se acertar com as outras manifestações energéticas que compõem o seu ser e, mesmo que você não aprove, lembre-se que no mundo da energia não existem coisas boas ou ruins, existe apenas as manifestações energéticas.

Assim como um carro, que precisa de vários componentes para funcionar bem, sua pessoa e sua vida também precisam de vários componentes para funcionar bem. Não é só uma coisa ou outra, é o conjunto que proporciona o todo. Olhe com cuidado para todo o conjunto e perceba o que pode e deve ser melhorado ou modificado.

Analise a situação, interprete os sinais e faça novas escolhas. Você pode escolher continuar no mesmo caminho ou mudar de rumo. Isso é com você.

Ninguém vai poder te julgar por suas escolhas. As pessoas vão apenas poder aplaudir ou lamentar, mas o protagonista vai ser você. Todo mundo tem uma noção, às vezes mais e às vezes menos do que seria bom ou ruim, tanto para si mesmo, como para os outros. Não há como negar, todos nós temos a capacidade de julgar nossos próprios atos e processos internos.

Essa afirmação vai ao encontro dos estudos da psicanálise da teoria psicológica de Freud, que afirma que nós temos três componentes básicos da personalidade chamados de Id, Ego e Superego.

O Id seria o componente que nasce com o indivíduo e consiste nos desejos, vontades e impulsos primitivos, baseados principalmente nos desejos orgânicos do prazer. Seria no Id que se desenvolveriam os outros dois componentes da personalidade, Ego e Superego.

O Ego seria o componente da personalidade que é construído a partir da realidade da pessoa, ou seja, a partir da interação com a sua própria realidade e seu meio ambiente. Seria a formação psíquica responsável pelo equilíbrio entre o que pode e o que não pode ser feito, com base nos impulsos primitivos e nas limitações da realidade.

O Superego seria o componente que se desenvolve a partir do Ego e representa o "fiel da balança" do comportamento, para alertar sobre o que se pode ou não fazer, baseado nos valores morais e culturais que a pessoa carrega dentro de si.

Enfim, Id, Ego e Superego seriam os modeladores da impulsividade, da racionalidade e da moralidade, respectivamente. Assim, qualquer pessoa pode ver, saber e sentir onde errou ou onde está errando, ou onde acertou e onde está acertando.

É curioso observar também que uma pessoa que não tenha real capacidade dos julgamentos citados acima ainda pode se beneficiar da Energia do Poder, usando sistematicamente palavras positivas com gratidão, por querer fazer a coisa certa ou por fazer as escolhas certas. Paralelamente, para sair de um momento não desejado na vida e ir para uma situação idealizada na vida, é preciso se harmonizar com as forças energéticas ligadas ao que você quer, agradecendo diretamente a essas coisas ou a esses interesses que você ambiciona.

Uma das formas de se harmonizar com as energias positivas da vida acontece quando você deseja e transmite coisas boas para outras pessoas, conhecidas ou estranhas, próximas ou distantes, numa espécie de elevação energética.

Ao se harmonizar com as energias positivas, você se envolve numa atmosfera de favorecimento, que te ajuda a se conduzir pelo melhor caminho, auxiliando para que somente coisas "boas" façam parte da sua vida e das suas escolhas.

De qualquer forma, independentemente de você acreditar ou não no conteúdo deste livro, ao seguir o roteiro da Energia do Poder, as mudanças vão ocorrer e tudo poderá começar a mudar e melhorar, até ficar perfeito, quase perfeito ou como se fosse perfeito.

Após assimilar o funcionamento da Energia do Poder e do SOU, você verá em pouco tempo seus interesses começarem a se concretizar. Esse fenômeno energético é uma ferramenta de ação e reação, disponibilizada para garantir poderes e conquistas, tanto ativa como passivamente. É um equilibrador de forças muito democrático e, por isso mesmo, disponível para todos.

Essa energia funciona muito bem se for conscientemente provocada, mas também age se for displicentemente desprezada.

Não a despreze, pois desprezá-la não a afasta.

Podemos comparar a Energia do Poder com uma fonte abundante de água, que pode tirar a sede, mas também pode matar afogado aquele que não atentar para a sua correta utilização. Isso ocorre porque essa é uma energia que atua como as outras leis naturais do planeta, que agem independentemente das nossas crenças pessoais.

A Lei da Gravidade, por exemplo, atua mesmo que você não queira. Pense em um objeto que cai sem que você tenha dado nenhum comando, ele cai porque essa força, a gravidade, atua independentemente da sua vontade.

Essa mesma força pode ser utilizada propositadamente por você, se você arremessar um objeto por sua própria vontade. Você vai notar que em seguida ele vai cair, mesmo que você não queira.

Provavelmente suas crenças pessoais não o estejam livrando de coisas que você não queira e talvez isso faça você pensar o porquê das coisas que você não quer insistirem em acontecer. Na outra direção, é importante lembrar também que muitas outras coisas que você quis, aconteceram. Olha que interessante, pois é sempre sua vontade de ter ou de não ter imperando.

Sem saber, somos levados muitas vezes a agir contra nós mesmos, sem perceber. Pense comigo: quando você conquista um bom emprego ou um bom companheiro, o que é que vem depois? O medo de perder, não é verdade?

A energia que uma pessoa usa e emprega no medo de perder, na maioria das vezes, é muito maior do que a energia concentrada na vontade de ganhar ou conseguir. Se você não tivesse conseguido determinada coisa ou situação, nem saberia o que estaria perdendo, mas agora que conquistou e sabe o que tem, você tem medo de perder.

É essa energia do medo de perder que faz você perder. É como se você estivesse pedindo para perder. Entende? Isso parece incrível, não é?

Eu, por ter entendido essa lição, levo a minha vida de forma tranquila e não tenho medo de nada. Paralelamente, eu agradeço muito. Sou grato à felicidade, confio que vou ser sempre feliz, não penso nem falo coisas negativas e, assim, apenas vivo uma vida feliz.

Por outro lado, por ter convicção que você vai se sair bem e que vai voltar para casa bem, não precisa se preocupar com o que não vai acontecer e não precisa ter medo de nada. O que você precisa ter forte em você é a determinação.

Eu sei que é um pouco difícil de assimilar, então você precisa viver isso para saber como é e como funciona.

A boa notícia é que você pode ter tudo isso.

Posicione-se de forma positiva e vá em frente, confiante que vai ser feliz.

Eu costumo dizer que eu não estou te pedindo dinheiro, não estou querendo te vender nada, mesmo que você tenha comprado este livro (e minha intenção nunca foi ganhar dinheiro com esta obra), o investimento que você fez foi ínfimo comparado aos benefícios que você pode ter e vai ter a partir daqui. Então apenas faça, tendo em vista que não vai custar nada.

Arrisque, porque não há risco.

Atire-se de corpo e alma nesse projeto.

Faça sua existência valer tudo o que pode valer.

Extraia da vida tudo o que puder extrair de melhor, em seu próprio benefício.

O universo é rico e abundante em tudo.

Acredite que existe um Criador supremo.

Acredite que esse Criador tem um Poder soberano, que parte desse poder Ele transferiu pra você (e pra todos nós) e que Ele nunca te abandonou.

Acredite que Ele também não pode fazer mais nada por você, porque toda a condição suprema, Ele já lhe proporcionou através de sua própria Mente.

Ele te deu a força, a inteligência, o livre arbítrio e o poder por meio da utilização da sua própria mente. Agora Ele está dando a informação (que provavelmente você não tinha), para que você não possa dizer que não sabia.

Não, não é tarde.

Nunca é tarde para recomeçar.

CAPÍTULO 19

O CRIADOR E A CRIAÇÃO

Sol – O astro rei, Sol é o centro da Via Láctea, que é a galáxia em que está localizado o sistema solar do qual a Terra faz parte, juntamente a outros planetas e asteroides. O Sol tem 99,9% de toda a massa desse sistema, sendo mais de 330 mil vezes maior que o nosso pequeno planeta.

A distância entre o Sol e a Terra é de cerca de 147,1 milhões de quilômetros no periélio, que é o ponto da órbita da Terra mais próximo, e de 152,1 milhões de quilômetros no afélio, que é o ponto da órbita mais distante da Terra.

As mudanças climáticas mostram os contrastes do inverno e do verão em diferentes épocas do ano. Assim, sentimos muito frio quando o Sol está mais distante e calor quando o Sol está mais próximo.

Note que é o Sol que provoca o calor, mas não é o sol que causa o frio. É interessante também perceber que o Sol está bastante longe, mas seu calor chega até aqui e, de tão forte, chega a provocar queimaduras nos seres vivos e até incêndios.

É indiscutível que o Sol é o principal agente viabilizador da vida na Terra. Se ele se afastasse, nós congelaríamos; se ele se aproximasse, seríamos queimados, literalmente.

Força Gravitacional – A gravidade, também conhecida como força gravitacional, é uma das leis fundamentais do universo e na nossa natureza. Ela atua exercendo atração mútua entre os objetos e o centro da Terra.

Esse conceito foi entendido primeiramente de modo matemático e é descrito a partir de Isaac Newton como uma consequência da estrutura geométrica do espaço-tempo. Do ponto de vista prático, a gravidade confere peso aos objetos e faz com que sejam puxados para o chão, sendo o motivo pelo qual a Terra, o Sol e outros corpos celestes existem e permanecem próximos. Sem a força gravitacional a matéria não teria se aglutinado, e a vida, como a entendemos, não poderia existir.

A gravidade é responsável por manter a Lua na órbita da Terra e esta, junto aos outros planetas, na órbita do Sol. A força da gravidade é responsável também, entre outros fenômenos, pelo movimento das marés, o que é muito interessante, porque, embora o planeta seja redondo, o enorme volume de água dos oceanos não se descola dele.

Essa força natural, que é de 1G, faz com que fiquemos ligados ao chão e não flutuemos, como acontece na Lua, por exemplo. A gravidade nos dá a condição necessária para viver e interagir de forma eficiente nas mais variadas situações cotidianas, aqui, neste pequeno planeta. Em outras palavras, sem essa gravidade, a vida não seria possível.

Estamos tão acostumados a isso que não valorizamos o fato de podermos nos deslocar de forma tão favorável e, por mais incrível que possa parecer, achamos "natural" andarmos como andamos ou ficarmos como ficamos. Não nos damos conta de que "logo ali" não tem mais gravidade. Não nos damos conta de que "logo ali" nem ar existe mais.

Claro que tudo é muito "natural", mas o fato de quase ninguém pensar nessa situação maravilhosamente benéfica a todos os seres vivos na Terra me causa surpresa.

Os foguetes, como os da NASA, precisam de extrema força para vencer a atração provocada pela gravidade, mas depois, ao atravessarem a estratosfera, voam tranquilos pelo espaço, até se dirigirem para a Terra e serem violentamente puxados pela mesma força gravitacional.

Atmosfera – A atmosfera terrestre é uma fina camada de gases insípidos, incolores e inodoros, que se "prende" à Terra pela força da gravidade. Essa fina camada protege a vida na Terra absorvendo a maior parte da radiação ultravioleta, que é uma radiação eletromagnética emitida pelo Sol.

A atmosfera nos protege também aquecendo a superfície por meio do efeito estufa, um processo que ocorre quando uma parte da radiação infravermelha emitida pela superfície terrestre é absorvida por determinados gases presentes na atmosfera.

Em função do efeito estufa, o calor fica retido, não sendo dispersado para o espaço, o que é fundamental para manter o planeta aquecido, reduzindo os extremos de temperatura entre o dia e a noite.

A atmosfera terrestre consiste entre a superfície da Terra e o espaço. Ela possui cinco camadas assim denominadas: troposfera, estratosfera, mesosfera, ionosfera e exosfera. Cada uma dessas camadas apresenta uma variação que ocorre nas massas de ar em movimento vertical, o que define as mudanças de temperatura conforme a altura.

O ar atmosférico é composto por cerca de 78% de nitrogênio, um gás inerte, não metal, incolor, inodoro e insípido, que não participa da combustão, nem da respiração. A atmosfera é composta também por cerca de 21% de oxigênio, que é um dos elementos mais importantes da química orgânica, participando de maneira relevante no ciclo energético dos seres vivos, sendo essencial na respiração celular dos organismos aeróbicos.

A atmosfera também contribui na formação da camada de ozônio, que atua na proteção da Terra contra a incidência da radiação ultravioleta, procedente do Sol.

O restante da composição do ar atmosférico é de 0,93% de argônio, 0,039% de gás carbônico e pequenas quantidades de outros gases. O ar contém uma quantidade variável de vapor de água, em média 1%.

A atmosfera tem uma grande massa, e três quartos dessa massa estão situados nos primeiros onze quilômetros desde a superfície da Terra. A atmosfera se torna cada vez mais tênue conforme aumenta a altitude, não há um limite exato e definido entre a atmosfera terrestre e o espaço exterior, mas é considerado frequentemente como limite algo em torno de cem quilômetros de altitude.

Perceba que uma coisa está ligada à outra e assim é toda a natureza, tudo está em conexão constante e, só para lembrar, tudo é feito de energia.

Água – O ciclo da água ou ciclo hidrológico refere-se à troca contínua de água na hidrosfera e atmosfera com a água do solo.

A água se move e se renova continuamente através deste ciclo, que ocorre principalmente pela evaporação da água dos oceanos e depósitos de água, como represas e rios.

Desse processo, resulta a chuva, pelo acúmulo do vapor de água no ar, que condensa e termina caindo na terra ou no mar. Essa precipitação ou chuva, como é popularmente conhecida, é que fornece a água tão necessária para a continuidade da vida no planeta. O término desse ciclo ocorre com o escoamento da água pela terra ao seu destino final, que é novamente o mar.

A maior parte do vapor de água que sobe dos oceanos cai no oceano, mas parte da água é transportada através das nuvens e da força do vento para os continentes. A precipitação sobre a terra, que ocorre mais comumente em forma líquida, ocorre também como neve e granizo e ainda como nevoeiro e orvalho. A água condensada no ar também pode refratar a luz solar, o que acaba produzindo um fenômeno conhecido como arco-íris.

Veja que é um sistema natural e automático de renovação constante da água que funciona desde os primórdios do mundo, que permitiu a continuidade e a renovação da vida de forma muito interessante, porque a água original é salgada e não potável, mas evapora, condensa e precipita aqui para o nosso aproveitamento, como água doce, totalmente potável.

A água é uma substância composta por moléculas de hidrogênio e oxigênio e é essencial para todas as formas de vida conhecidas. No corpo humano a água é o principal constituinte, em torno de 70%, e sua quantidade depende de vários fatores estabelecidos durante a vida do indivíduo, entre eles a idade, o sexo, a massa muscular, a quantidade de gordura etc. A água é um componente essencial para o bom funcionamento geral do organismo, ajudando em muitas funções vitais.

Ela age como reguladora de temperatura, diluidora de sólidos e transportadora de nutrientes e resíduos entre os vários órgãos do corpo. Ela também elimina sais e impurezas do organismo. Na indústria de transformação, ela desempenha importante papel nos vários processos de produção manufaturada de produtos e insumos.

Teoricamente, o nascimento das estrelas seria acompanhado por um forte vento de gás e poeira e, quando esse fluxo de material impacta o gás circundante, ondas de choque são criadas, comprimindo e aquecendo o gás, produzindo a água.

A água tem sido detectada em nebulosas na nossa Via Láctea e provavelmente exista água em outras galáxias, porque os seus elementos, hidrogênio e oxigênio, estão entre os mais abundantes no universo.

A água pode ser dividida em dois grupos, água doce e água salgada. A água salgada cobre 71% da superfície da Terra e representa 97% de toda a água do planeta.

É comum associar a água apenas à forma líquida, mas ela também possui o estado sólido e gasoso.

A camada de gelo da Antártida contém 90% da água doce do planeta, que corresponde a 2,4% da água existente, os outros 0,6% estão sob a forma de rios, represas e lagos. Uma pequena quantidade da água da Terra está contida dentro de organismos biológicos e produtos manufaturados.

Como já foi explicado, a maior fonte da água doce disponível vem dos oceanos, mas a segunda maior fonte de água doce do planeta é o ar.

Atualmente, já existem mecanismos que retiram água do ar, ou seja, a partir da umidade do ar.

Como você pôde perceber, até agora foram abordados vários fenômenos que tem tratado daquilo que não se pode explicar, apenas constatamos que existe.

O sol, por exemplo, está a uma distância ideal da Terra, a gravidade também tem a força ideal; o ar é constantemente renovado, mantém a vida e não escapa da atmosfera; a água do mar evapora, se condensa em nuvens, que conseguem sustentar milhares de toneladas de água até que se precipite e chova, como água doce, na terra.

A fotossíntese promove a troca de gás carbônico por oxigênio e várias outras intervenções químicas e energéticas acontecem no planeta.

Nosso corpo tem a capacidade de se autorregenerar e de consertar células, ossos e tecidos. Nosso sistema imunológico tem a capacidade de se defender de corpos estranhos e de ataques de vírus e bactérias.

Poderíamos nos estender para tratar desses elementos e de outras condições imprescindíveis da vida, como as estações climáticas, o ciclo da vida, a concepção, nascimento, crescimento e morte, os sentidos, os instintos, a química, a física, as invenções, a psicologia, a cosmologia, e ainda uma infinidade de fenômenos infindáveis e tudo mais sobre a nossa enigmática existência. Faríamos isso para reafirmar enfim, que toda essa infinidade de situações mostram a Terra como uma criação, ou seja, não é simplesmente o resultado de uma feliz coincidência cósmica.

De qualquer forma e sob qualquer abordagem, sempre chegaríamos à conclusão que nossa vida só foi possível e só é possível graças a um grande e poderoso sistema criativo.

Dizer que a Terra é uma Criação, implica falar em uma condição ou situação que coloca a Terra em um patamar, segundo o qual, percebemos e concluímos que tem que ter havido um Criador.

Note que, no nosso mundo, tudo que é da natureza e é natural aparece cuidadosamente bem feito, bem planejado e harmoniosamente preparado. Nesse sentido, todos esses fenômenos e outros que nem foram mencionados deveriam fazer você pensar que esses fatos não parecem ser e não devem ser resultado apenas da sorte ou do acaso.

Essa concepção se deu, com absoluta certeza, dentro de uma situação especial, em que tudo foi planejado e criado estrategicamente, de forma correta e harmoniosa, mostrando a existência de um Criador ou, quem sabe, de uma Organização Criadora.

Seria bom se você compreendesse e aceitasse isso como verdade. Seria bom você aceitar e acreditar que existe um Criador. Se por ventura você não acreditar ou não aceitar a existência de um Criador, vai ser difícil este livro te ajudar, afinal, para quem acredita, qualquer explicação é válida e, para quem não acredita, nenhuma explicação é válida.

Historicamente, sempre se chamou o Criador de Deus. Algumas religiões dão outros nomes, mas isso é irrelevante. O que importa é que, desde o início das civilizações, os chefes e os líderes sociais tiveram que dar respostas ao povo, no sentido de explicar os fenômenos e os mistérios do mundo.

As pessoas queriam respostas e queriam saber quem poderia ter feito tudo isso, já que entre os seres vivos não havia deuses criadores nem alguém que pudesse explicar o surgimento da Terra e todos os seus fenômenos. Dessa forma, a solução encontrada pelos antigos que se disseminou e foi aceita pela maioria das pessoas através da religião é que tudo vem de um Deus, o Deus descrito na Bíblia.

Eu concordo e acredito que tudo vem de Deus. Entretanto, eu não percebo o Criador como sendo aquele Deus que é descrito na Bíblia, ou seja, não reconheço em Deus um ser que pune ou premia, no meu entendimento, Ele não age assim.

A bem da verdade, a história das religiões, seus sucessos e seus fracassos, é conhecida por todos. Crescemos recebendo essas informações religiosas e assimilando as religiões e suas teorias doutrinárias como sendo detentoras das orientações a serem seguidas. Contudo, os líderes religiosos não explicam, por exemplo, como é possível que uma pessoa muito religiosa possa sofrer de doenças graves, problemas sérios ou acidentes importantes.

Eles não explicam, por exemplo, por que alguns nascem em péssimas condições, enquanto outros gozam de todo tipo de privilégio e benefícios desde o primeiro dia de vida. Eles não explicam a saúde e a doença, a riqueza e a pobreza, o sucesso e o fracasso.

As tentativas de explicação, dizendo que elas são mistérios relativos "aos desígnios de Deus" e que "Deus escreve certo por linhas tortas" não conseguem explicar nem convencer ninguém.

Olhando para o universo e para a vida de forma mais inteligente e menos religiosa, com foco no seu próprio bem e na lógica das coisas, tente ver Deus de um jeito diferente, de um jeito melhor. Procure ver Deus como um Criador coerente, bom, justo e imparcial.

Separados de qualquer conotação religiosa, temos que ver o Criador como o arquiteto, o engenheiro e o construtor do universo. Deus, o Criador, é a fonte de tudo, é a Força Criadora suprema, é a fonte da energia.

Se os seres humanos forem os protagonistas dessa experiência criativa, se estiverem no topo da escala evolutiva e, como gostamos de pensar, formos os mais importantes ocupantes do planeta, podemos concluir que trazemos conosco uma grande responsabilidade. Não podemos concentrar nossos esforços na discussão de qual seria o objetivo do Criador, nem é o caso de discutir o porquê estamos aqui.

Nossa existência é cheia de mistérios e sequer conseguimos responder à antiga questão de quem teria nascido primeiro, se seria o ovo ou se seria a galinha.

Para termos um ponto de partida e para facilitar o entendimento, vamos dar um passo de cada vez e vamos partir desse pressuposto, ou seja, o de aceitarmos como verdadeira a teoria de que existe uma criação e existe um Criador.

Se você pensar assim, você vai se tranquilizar, vai concluir e aceitar que tudo é e tudo está como deveria ser e deveria estar. Devemos considerar e aceitar também que a vivência aqui na Terra é apenas uma experiência, cujo propósito ou objetivo, por enquanto, ainda não nos foi revelado.

Por outro lado, também, para que saber? Não basta apenas termos a consciência de que é tudo parte de uma criação?

Você acha que é realmente importante saber qual é o objetivo do Criador?

Se você souber qual é o objetivo do Criador, o que você vai fazer com a informação?

Pense no tamanho da nossa Via Láctea, que é a parte mais conhecida do nosso universo, e isso vai facilitar sua compreensão sobre o poder e a capacidade da força criadora do Criador. Se o Criador teve toda essa capacidade, que obviamente está atrelada a uma grande sabedoria, é lógico supor que ele sabe o que está fazendo.

Além disso, pela nossa limitada capacidade cósmica, se for o caso de sermos aniquilados por qualquer situação adversa desconhecida, nada poderemos fazer além de aceitar, então a melhor opção é manter-se aplicado e otimista.

Façamos uma analogia com uma viagem de avião.

Quando você embarca na aeronave, você não discute nem questiona se o comandante tem capacidade ou não para pilotar aquele avião.

Você automática e inadvertidamente confia no piloto. Você sabe de onde está saindo, você conhece seu destino e simplesmente confia que o piloto sabe o que está fazendo, ou seja, você confia que ele saberá te conduzir até onde você quer chegar.

No exemplo da analogia acima, você coloca sua vida nas mãos do piloto e se concentra no objetivo, que é chegar ao seu destino. A mesma comparação serve para manter você otimista em sua vida aqui na Terra.

Confie no Criador e apenas aproveite a experiência.

Imagino que você esteja consciente de sua frágil condição terrena. Você sabe que nasceu, que está vivo e que seu último destino é a morte. Dessa forma, ocupe o seu lugar no planeta e aja da melhor forma que puder, faça o seu melhor.

Não se preocupe em questionar os propósitos e os objetivos do Criador. Tranquilize-se e relaxe, em termos existenciais, você estará sempre bem.

CAPÍTULO 20

A FONTE DA ENERGIA

Uma vez aceita a ideia de que há um Criador, é importante também considerar que fazemos parte de um grande e complexo SOU, no qual tanto o Criador quanto o sistema estão justos. Essa maneira particular do Criador de perceber e avaliar aquilo que é justo permitiu que ele nos equipasse com características e capacidades especiais.

Não temos superpoderes como os dos super-heróis dos filmes de ficção, mas temos um poder potencial que pôde e pode, ao longo do tempo, permitir, entre outros benefícios, a continuidade, o progresso e o sucesso evolutivo da nossa espécie. Se você conseguir pensar como pensou o Criador, imaginando os seres humanos como os personagens mais importantes da criação, você entenderá o que o Criador ponderou e vai presumir que Ele considerou que, desde o nascimento, em função das nossas características, precisaríamos de condições diferentes das de outros seres vivos.

Teríamos que ser dotados de uma inteligência mais apurada para aprender, conhecer, compreender, resolver e nos empenharmos em processos do pensamento. Para isso deveríamos utilizar um conjunto de funções psíquicas e neurológicas que contribuísse para o conhecimento e a compreensão da natureza e dos acontecimentos.

Essas funções especiais deveriam estar aliadas à capacidade de observar e organizar os dados de uma ou mais situações, em circunstâncias para as quais não poderíamos contar apenas com o instinto. A partir dessas prioridades, o Criador nos equipou com uma percepção clara para a habilidade de tirar proveito das coisas, com engenhosidade, sagacidade e perspicácia, com reconhecimento tanto do que é concreto como do que é abstrato.

Por abstrato se entende aquilo que não se pode ver nem tocar, mas que talvez possamos sentir e que de certa forma, nos influencia. É o resultado do processo intelectual de abstração, que só pode existir no pensamento, na ideia.

Abstrato é aquilo que não está relacionado com a realidade percebida pela utilização dos sentidos e também é tudo o que existe no plano energético e na Mente.

Supor que o Criador quisesse nos proteger talvez não seja adequado para indicar a condição e a intenção mais plausível. Provavelmente, a intenção do Criador não seja a de proteger a espécie no sentido paternal, mas atribuir um mecanismo para a manutenção e a evolução da vida desses seres.

Proteção e manutenção, embora estejam algumas vezes relacionadas, são palavras distintas e mostram que toda manutenção tende a proteger, mas nem toda proteção é capaz de manter.

Manutenção é fazer perdurar, é preservar, é uma sustentação, um apoio, um suporte. Manutenção, é subsistir, é administrar, gerenciar; é o cuidado com algo, com vistas a conservação e o bom funcionamento de alguma coisa ou de alguém.

Por outro lado, a proteção nos remete a uma situação mais paternalista, que ensejaria uma defesa de alguém ou alguma coisa contra algum tipo de ataque, agressão, maldade ou injustiça.

Nessa hipótese, a de proteção, nossa fragilidade seria demonstrada e apareceria como uma incapacidade de enfrentar as forças conflitantes e desconhecidas, porque a proteção tenderia a te afastar automaticamente da ameaça.

Essa possibilidade teria que ficar e ficaria descartada quando pudéssemos compreender que o Criador nos revestiu de Poder para enfrentarmos qualquer situação.

Nesse sentido, você deveria concluir que vem do Criador e está no Criador a nossa fonte de energia. É através do Criador, do Sistema Organizado Universal e de toda a atividade energética em que estamos envolvidos, que recebemos a força e a intensidade para conduzir e superar as dificuldades e adversidades da vida, evitando-as, inclusive.

Só para esclarecer, quero dizer que *você pode ter* uma vida boa ou não e isso só depende de você, pois as coisas ou situações ruins da vida, na verdade, não precisam ocorrer, nem com você, nem com ninguém.

Tudo faz parte de um grande planejamento que vai virando realidade na medida em que tudo vai acontecendo e você sabe, planejamento é o que nós traçamos como objetivo que pode ou não ocorrer, sempre em função de cada coisa que acontece, ou seja, o mundo, tanto o físico quanto o energético, tem um movimento dinâmico e constante.

Para poder se alimentar dessa fonte de Energia dinâmica e constante da forma correta, para ter as coisas boas que quer ou mesmo se você não souber muito bem o que quer, você precisa entender e estar conectado a esse sistema, sempre de maneira energeticamente positiva.

CAPÍTULO 21
O BEM E O MAL

Se uma pessoa tem medo de ser atropelada e manifesta isso verbalmente, as chances de ela ser atropelada são enormes, porque ela tem esse medo e porque manifestou verbalmente esse medo.

Essa energia, esse medo, vai navegar pelo meio energético como ondas de rádio, procurando um receptor que esteja na mesma frequência, que, no caso, seria um agente que tem medo de atropelar alguém.

A grande possibilidade é a de que em algum lugar, em algum momento, pela lei da atração, essas energias vão se encontrar e esse evento vai acontecer.

A todo o momento podemos comprovar o poder da Mente e o poder que as palavras exercem ou influenciam na vida das pessoas.

Outro dia, soube de um antigo vizinho, homem religioso, já com mais de setenta anos, que curiosamente costumava dizer, talvez com o objetivo de ser engraçado, que "preferia morrer de trombada, que de trombose".

Ele morreu de trombada mesmo. Foi atropelado por um carro, que colidiu com ele.

A gente fica triste com a morte de alguém, com o sofrimento que a pessoa teve, sente tristeza também pela família, mas a morte, além de ser um evento natural, oferece para quem morre a oportunidade de se desapegar, de transcender.

Se a morte não existisse, como seria a sequência da vida?

Nós viveríamos eternamente?

Como ficaria a continuidade da vida?

Então, em princípio, a morte não é um acontecimento ruim, ao contrário, é um acontecimento bom, um bem, porque permite a continuidade e a manutenção da vida.

De qualquer forma, para o Criador não existe o bem e o mal, da forma que costumamos considerar.

O bem como imaginamos ou como o consideramos nem sempre tem um bom resultado. Da mesma forma, um suposto mal não pode ser visto como algo que causa um dano efetivamente consistente.

O julgamento faz parte da natureza humana, pois sempre temos uma opinião sobre o que é o bem e o mal e, nesse sentido, pensamos que sabemos julgar o que uma pessoa fez, se ela fez bem ou fez mal, se fez certo ou se fez errado.

Sem o conhecimento de todo o contexto e ainda sob o efeito da tristeza ou do ressentimento, a pessoa tende a considerar que determinado acontecimento foi ruim. O que estou tentando dizer é que os acontecimentos são interpretados a partir do ponto de vista de quem sofreu o evento supostamente danoso e que, na época, a pessoa não teria condição de perceber o porquê aquilo aconteceu e, portanto, não teria como fazer as considerações e interpretações mais adequadas.

Muitas coisas que acontecem hoje aparentemente ruins não são de fato ruins. Tudo o que acontece, quando interpretado sob a ótica do Criador, do SOU e do campo de atuação das energias, acontece porque tem uma justificativa, porque deve acontecer ou precisou acontecer, ainda que você não concorde, porque imagina ou considera que não foi de acordo com a sua vontade.

Sobre a expressão "deve acontecer", temos que considerar, como foi dito, que o que deve acontecer está alicerçado nas palavras, nos sentimentos, nas ações, nas vibrações e nos "desejos" que a pessoa desenvolveu e moldou ao longo da vida.

Vale dizer também que qualquer planejamento energético não é uma sentença e não tem prazo rigorosamente pré-estabelecido. Eventual planejamento supostamente equivocado pode ser modificado, na medida em que você também se modifique.

Tanto o planejamento como os acontecimentos podem ser continuados, modificados, eliminados ou transformados, a partir dos comportamentos, dos compromissos e das atitudes de cada um. Como parte de um todo, isso mostra que nada é definitivo e que você tem que travar uma "luta" diária pela manutenção da vida, da saúde e de todas as outras coisas.

Aconteceu comigo quando, aos dezessete anos de idade, fui demitido da empresa CTBC. Esse fato me abalou muito e na época me fez pensar no evento como um acontecimento ruim, pois eu tinha perdido um bom emprego, às vésperas de me alistar para o serviço militar obrigatório, o que me impediria de arrumar, em curto prazo, qualquer outro emprego. Por outro lado, eu ainda teria que enfrentar a reprovação da família e o retrocesso do meu desenvolvimento profissional, que estava apenas começando.

Mesmo eu sendo uma pessoa otimista, eu não tinha como saber o que o futuro me reservava, entretanto o SOU já atuava independentemente da minha ignorância e da minha vontade.

Eu digo isso porque, quinze anos depois desse evento eu fui chamado, coincidentemente, para prestar serviços de transporte para a CTBC e, ao visitar a companhia, reencontrei o Paixão, meu ex-colega de trabalho, que continuava no mesmo emprego, atrás de uma pequena mesa.

A partir daquele momento comecei a perceber o quanto eu tinha ganhado, em função daquele acontecimento supostamente ruim.

Pensando nos fatos, devo ponderar que aquela demissão, que pareceu na época um desastre, permitiu que eu desse um novo rumo à minha vida, obtendo muito mais sucesso em muitos aspectos.

É verdade que eu realmente fiquei alguns anos sem encontrar meu rumo, mas aos vinte e dois anos, ou seja, cinco anos depois da demissão, eu fui trabalhar na função de caixa no Banco Nacional, onde eu conheci a mulher com a qual me casei e com quem estou casado até hoje.

Naquele mesmo Banco fui promovido a gerente, o que me possibilitou a compra, de forma financiada, facilitada e vantajosa, da minha primeira casa. Com a compra da casa eu realizei um sonho e casei com aquela moça que eu paquerei na agência do Banco, o que foi uma das melhores coisas que aconteceram na minha vida, posso te assegurar.

Na casa que eu comprei do Banco Nacional, eu abri e instalei a empresa de mudanças, com a qual nós conseguimos o nosso principal cliente, a gráfica. Trabalhando com mudanças e principalmente para a gráfica, ganhamos dinheiro, crescemos e compramos aquela grande área.

Naquela grande área, construímos uma linda casa de madeira, onde vivemos felizes por quinze anos, até a venda, em 2012.

Entretanto, não vendemos tudo, mantivemos cerca de mil metros quadrados, onde ficaram instaladas as antenas da Oi e da Tim, que sempre nos garantiram uma boa renda.

Com os recursos da venda daquela grande área, compramos um apartamento de alto padrão na cidade de São Caetano do Sul, cujo IDH está em primeiro lugar no Brasil e conseguimos também comprar outros bens móveis e imóveis.

Então, aquela demissão mostrou que eu tive na verdade um grande ganho e aquele evento, em vez de ruim, se mostrou, no devido tempo, ter sido muito bom. Claro que analisar dessa forma, agora que tudo deu certo, pode parecer suspeito, mas você há de concordar que contra fatos, não há argumentos.

Os acontecimentos e as situações podem te fazer pensar que o raciocínio não é tão simples nem tão lógico quanto parece. Contudo, é preciso ter sabedoria para entender que tudo aquilo que acontece em um determinado momento é resultado dos seus posicionamentos anteriores.

Precisamos aprender que é necessário haver uma preparação e uma base anterior que forma o acontecimento futuro e que, de uma maneira ou de outra, as coisas vão acontecer conforme foram preparadas, ao longo do tempo, por nós mesmos.

No meu caso particular, a explicação é que o SOU coletou os dados sobre o que eu queria, considerou a energia envolvida no processo e fez acontecer na forma e da forma que seria possível. É muito interessante saber e dizer que a "forma que seria possível" envolveu também uma outra pessoa, no caso, a moça bonita que se casou comigo.

É que ao longo de todo o casamento e mais precisamente depois que fomos morar naquela grande área de terreno, eu fui descobrindo coisas que eu não sabia sobre ela. Se você já se casou, você sabe, novidades sobre seu cônjuge vão aparecendo continuamente e assim, ao longo do tempo, eu fui descobrindo coisas que ela desejava desde criança.

Ela me relatou que ainda pequena ou adolescente ela desenhava e falava sobre o que desejava, o que queria e que não queria na vida. É incrível, mas ela, dentro da intimidade e da privacidade dela, desenhava e desejava, por exemplo, uma casa diferente.

Claro que todos nós quando criança desenhamos casas. Entretanto, a casa que ela desenhava, e ela fez isso várias vezes, tinha uma chaminé, uma cerca em volta da casa, tinha animais, coqueiro e até um caminhão. É incrível, mas tudo o que ela desejava e desenhava, ela teve.

Por outro lado, ela também não queria e temia ter um filho envolvido com drogas e, advinha, teve também. Felizmente, depois de anos envolvido nisso, ele abandonou o vício e segue vivendo bem...

Eu relutei em trazer essa informação para o livro, porque na verdade a gente só quer trazer histórias de sucesso para contar para as pessoas, mas eu tive que falar sobre isso também, para que você saiba que tudo o que você manifestar, de todas as formas de manifestação que existe, inclusive pelo medo, tem enorme possibilidade de acontecer.

Apenas para complementar, quero dizer que, embora essa seja uma situação extremamente incômoda, é uma situação que tem relação mais a ele do que conosco.

É uma situação que talvez tenha alicerce nas nossas vidas passadas. Vai saber...

É muito importante também você ter a serenidade e a capacidade de entender a nossa existência como um todo. Não sabemos também os liames que envolvem nossas três existências, a minha, a dela e a dele.

Um fato inequívoco sobre nós, quero dizer, dela e meu, é que muito provavelmente, se ela não tivesse ficado grávida, a gente não teria ficado juntos e aí, você sabe, seria tudo diferente.

Para mim, da forma como eu vejo, o mais importante para ter em mente é a capacidade de entender o quanto temos a agradecer. Eu tenho dito constantemente, para quem quer ouvir, que o mais importante da vida é termos gratidão.

Tenho sido insistente em tentar mostrar que, mais do que reclamar, temos que agradecer. É a gratidão o sentimento mais importante para se cultivar na vida.

Quero contar um fato que aconteceu em uma tarde do ano 2015, eu estava em uma plataforma de ônibus em um dos parques da Disney e vi um senhor que desembarcou empurrando uma cadeira de rodas em que estava um rapaz de uns dezessete anos de idade, mais ou menos. O filho que ele conduzia não só não podia andar como também apresentava características de paralisia cerebral grave, do tipo que se contorce e que não vai ao banheiro, nem toma banho sozinho.

Enquanto eu ainda começava a pensar no quanto deveria ser difícil manter aquele filho, a esposa dele saiu do ônibus empurrando outra cadeira de rodas, com outro filho, aparentemente gêmeo, nas mesmas condições.

Qual não foi minha surpresa quando eu vi o homem, que havia retornado para o interior do ônibus, empurrando uma terceira cadeira de rodas, com um terceiro filho nas mesmas e iguais precárias condições dos outros dois.

Imagino que você consegue perceber e sentir o que eu percebi e senti.

Não é questão de dizer aquela bobagem de que tem sempre alguém em pior situação do que a sua, é questão de saber e sentir que devemos ser gratos pelo que somos, podemos, temos e fazemos.

Por outro lado e considerando nossas existências como parte da criação de Deus, eu posso dizer que o fato de eu ter eu filho viciado em drogas é ruim, claro, ninguém quer isso, entretanto, meu filho sempre foi autossuficiente e "normal". É um filho amoroso e gentil que demonstra grande amor e carinho pelos pais, me ajuda em tudo o que eu preciso e peço pra ele e, se Deus enviou ele pra nós, eu devo presumir que é o que precisava ser feito e é o que precisava acontecer. Portanto, não cabe a mim sequer discutir ou reclamar. Acho que você entende... Devo humildemente procurar aceitar tudo e olhar tudo pelo lado bom... e tenho vários...

Saiba então que a gratidão é um sentimento e uma conduta que devem estar presentes dentro do coração da gente, que devem vir de dentro e ser inerentes ao nosso ser. Não é o caso de você agradecer a ninguém, é o caso de você só agradecer, de ser grato a tudo e a todos.

Você já agradeceu à sua mão, por exemplo, por tudo o que ela já fez e faz por você?

Se Deus, o próprio Criador, aparecesse na sua frente e você cordialmente, quisesse lhe retribuir a visita, o que você acha que ele esperaria que você lhe oferecesse como presente?

Obviamente, nada material, mas com certeza, sua mais profunda, inequívoca, sincera e honesta gratidão.

Quando eu tinha dez anos, por influência da minha mãe e da minha avó, eu fiz a primeira comunhão. Dentro da religião católica e à época, as pessoas me disseram que eu deveria rezar, eu, curioso como sempre, questionei o que seria uma reza ou como eu deveria "rezar". Orientaram-me então que rezar era uma mistura de pedir e agradecer.

Como um autodidata que eu sempre fui e sem alguma motivação específica, eu optei por agradecer, eu rezava agradecendo pela minha vida e pela minha saúde. Apenas agradecer, foi o que a minha intuição e meu instinto me levaram a fazer naquela oportunidade, o que acabou se tornando um hábito, que eu pratiquei durante toda a vida e hoje, passados 50 anos, a gratidão é a base da minha existência e a base da doutrina deste livro.

Voltando ao tema dos desejos, eu devo dizer que acredito que o SOU nos proporciona aquilo que manifestamos verbalmente, com base em nosso perfil vibracional, ajustando o nosso comando, às nossas características pessoais.

O atendimento ao comando também está condicionado ao tempo, portanto, o quanto antes você começar, melhor.

Entenda que tudo é feito antes, é por isso que eu digo que inclusive a sua vida atual foi programada na sua vida anterior, de uma forma ou de outra. No caso de você considerar que sua vida atual não é boa e achar que não a escolheu para você, eu responderia que realmente você não escolheria essa vida, mas também repetiria que, quem não sabe para onde quer ir, qualquer lugar serve.

Nesse sentido, se você não escolheu essa vida, de alguma forma ela foi atribuída a você, já que existem muitas vagas para serem preenchidas. Como nos filmes, se você não está no rol dos que têm controle do seu papel, provavelmente receberá um papel secundário, como figurante.

Você sempre precisa saber o que quer, para onde quer ir e o que quer fazer.

O Criador, por quem eu tenho o mais profundo respeito, admiração e gratidão, para o qual eu sempre manifesto isso em voz alta, tem uma característica admirável que aparece em várias situações, Ele é muito justo.

Concorde comigo analisando estas duas situações hipotéticas, mas bem plausíveis:

Uma pessoa nasceu bonita, saudável, rica, numa boa família, em um bom país e ainda vive uma boa vida.

Ao mesmo tempo, outra pessoa nasceu feia, doente, pobre, tem uma família desiquilibrada e vive uma vida difícil em um país ruim.

Pense comigo, se o Criador é justo e eu estou certo de que Ele é, como seria possível pessoas nascerem em condições tão diferentes?

Teoricamente, isso não seria justo, não é verdade?

Perceba que se o Criador, de alguma forma, interferisse para privilegiar uma pessoa e não privilegiasse outra, isso realmente seria uma injustiça. Já pensou nisso?

É justamente aí que está a justiça.

Em teoria e também na prática, o Criador não poderia dar mais a alguém, nem tirar nada de ninguém, pois se assim procedesse, estaria sendo parcial e injusto.

A solução encontrada e aplicada foi a de permitir que cada um dê a si mesmo, aquilo que consegue, de acordo com suas capacidades, competências e características individuais, tudo, obviamente, vinculado ao sistema energético.

Nessas condições, de forma justa, cada pessoa formataria a sua própria vida e até, inclusive, a sua próxima vida, caso quisesse, soubesse ou pudesse.

O tema de uma vida após a outra é conhecido como reencarnação e é um tema, como você sabe, mais ligado ao espiritismo.

Podemos imaginar então uma situação em que teríamos duas pessoas que abrem uma discussão amigável sobre o assunto, e uma delas diria que acredita em reencarnação e a outra afirmaria que não acredita em reencarnação. Tudo bem, não há problema nenhum nisso, cada um pode defender seu posicionamento.

Contudo, uma evidente verdade se apresenta nessa situação. A verdade é que uma das duas está errada.

Eu acredito em reencarnação e defendo a ideia de que para poder fazer a preparação nesta vida atual para a projeção de uma vida futura, a pessoa precisa considerar e acreditar primeiro, que existe uma próxima vida e que houve uma vida passada.

Essa pessoa teria que acreditar em uma próxima vida, porque caso contrário, como poderia preparar algo que ela mesma não admite?

Imagine uma situação hipotética na qual uma pessoa que acredita em uma nova vida e que, agindo de forma intencional ou não, em algum momento de euforia ou tristeza de sua vida passada, motivada por algum interesse, manifestou, principalmente de forma verbal, para si mesma ou para alguém, seus desejos para a próxima vida.

Nessa hipótese, essa pessoa talvez dissesse ou tenha dito:

— "Na minha próxima vida quero me dar bem, ser rica, bonita e feliz".

Esse desejo faria todo sentido, porque, em princípio, ninguém desejaria algo ruim para si mesmo, nem na próxima vida.

Vale acrescentar que pela teoria apresentada nesse livro sobre o poder da Mente e o poder da Energia, essa pessoa deveria ainda adicionar alguns detalhes para fortalecer e efetivar seu desejo, mas mesmo daquela forma simples, já haveria um caminho principal que foi traçado.

Nessa linha de raciocínio, mesmo sem saber, a pessoa já estaria formatando sua próxima vida e estabelecendo um critério sobre o norte de sua próxima existência.

Notadamente e no mesmo sentido, se uma pessoa souber conscientemente que pode formatar a sua próxima vida, aí sim é que os resultados seriam realmente surpreendentes, pela efetividade de suas intenções e palavras.

Cumpre esclarecer que embora eu respeite o Espiritismo, esta parte do livro não tem nada a ver com espiritismo ou espiritualidade.

Eu tenho tentado entender as questões que estariam no rol das questões espirituais e confesso que eu tenho bastante dificuldade de compreender e estabelecer conexões viáveis e lógicas entre o mundo material e energético com o mundo que se conhece como espiritual. Dessa forma, meu foco é a abordagem na preparação da próxima vida com base em questões energéticas e não espíritas.

Não obstante, em função da falta de subsídios consistentes sobre o mundo espiritual, se eu afastar as considerações energéticas das minhas análises em relação ao que se sabe sobre o mundo espiritual, a minha avaliação fica ainda mais prejudicada.

Portanto, tendo em vista que eu encaro a vida do ponto de vista energético e basicamente por eu não ter conseguido comprovar nenhum fenômeno espiritual e, sendo meus parcos conhecimentos baseados somente no que já foi escrito e anunciado por renomados espíritas, todas as minhas considerações sobre a espiritualidade ficam prejudicadas, ao contrário do mundo energético, que eu vejo manifestar e comprovo constantemente.

Eu imagino que nem os Espíritas sabem que se pode programar a próxima vida, pois ainda não tive notícias desse tipo de abordagem feita por eles, o que até me surpreende.

Todavia, se você não está acreditando nessas possibilidades de uma nova vida programável, que são baseadas no mundo energético, eu diria que te entendo, mas sugeriria um voto de confiança para a perspectiva e que você pense um pouco a respeito disso.

Afinal, como eu já disse antes, eu não estou pedindo nada para mim e, se existe alguém que poderá começar a receber algum benefício, esse alguém será você, pois eu mesmo, já estou ciente das condições da vida energética e já recebo os benefícios por isso.

Por outro lado e em reforço da teoria, você também não viu aqui nenhuma proposta que magoe, machuque ou ofenda e não leu neste livro nenhuma apologia negativa, incorreta, incoerente ou danosa, nem nada que prejudique ninguém, portanto trafegamos pela frequência do bem e temos as dúvidas a nosso favor.

CAPÍTULO 22
O AMOR

Os sentimentos são processados no sistema límbico do cérebro, que é o responsável pelo controle do comportamento emocional e tem como função principal o armazenamento da memória.

Os sentimentos representam um conjunto de sensações e emoções que todos os seres humanos podem experimentar, de forma distinta, no decorrer da vida, nas inúmeras situações que vivenciam.

Dentro do rol dos sentimentos experimentados, o amor é tido como o mais sublime de todos, o que nos faz pensar sobre questões relativas a que tipo de sentimento seria o amor e para onde nos conduziria.

Além disso, é preciso analisar para quem nosso sentimento de amor é normalmente direcionado, ou seja, quem a gente realmente ama?

Com exceção das reações hormonais que envolvem a paixão, aquelas relações de amor problemáticas e doentias, que aparentemente só os psicanalistas explicam, e com exceção do amor de uma mãe por um filho, podemos fazer estabelecer um questionamento:

Quais seriam os critérios pelos quais uma pessoa ama outra?

As respostas podem ser várias e podemos assinalar algumas:

Em princípio, você ama porque a pessoa é boa. Sim, porque não tem lógica você gostar de quem não é bom ou boa para você.

Você ama porque a pessoa é gentil com você.

Sim, porque você não vai gostar de uma pessoa que não te agrada.

Você ama porque a pessoa cuida de você. Claro, porque ninguém gosta de ser desprezado.

Você ama porque a pessoa se preocupa com você. Perfeito, porque ninguém quer ser nem se sentir abandonado.

Você ama porque a pessoa é carinhosa com você. Sim porque nenhuma pessoa quer ser maltratada ou magoada.

Evidentemente, no desenrolar dos relacionamentos, a gente acaba suportando algum desentendimento ou maltrato em função da consideração e do respeito que foi construído através da experiência positiva anterior com a pessoa.

A gente sempre ouve histórias de alguém que "mudou" depois de algum tempo e se tornou, às vezes, insuportável, o que motiva, via de regra, a separação. Contudo, o relacionamento e o amor tiveram início porque a pessoa começou te tratando bem e não te tratando mal.

Estamos falando de sentimentos entre seres humanos e isso por si só já é complicado, mas os relacionamentos que perduram são aqueles em que se encontram mais pontos positivos no outro do que pontos negativos.

Em termos humanos, seja como for, a permanência em um relacionamento sempre vai depender do interesse que se tem e, em termos emocionais, a permanência em um relacionamento não tão benéfico se dá em função da dependência que se estabeleceu, mas essa já é uma outra situação.

No mesmo sentido existe o amor por um lugar e a resposta vai ser a mesma, porque o lugar te agrada, te faz bem etc.

Concluindo, você talvez tenha percebido que você na verdade ama a si mesma e não o outro.

Perceba que o que você ama na verdade são as coisas boas e os sentimentos bons que o outro provoca em você.

Isso é realmente importante de perceber e é tão verdadeiro, que muitas vezes, quando um casal se separa e um para de fazer coisas boas para o outro, muitos deles passam a se odiar e o que era amor passa a ser inimizade. Pessoas que se amaram começam então a agir de forma agressiva um com o outro porque não estão mais ligadas pelos laços do bem querer.

Esse tipo de comportamento na separação não é uma regra, mas acontece bastante.

Seja como for, nesses casos, o amor acaba porque um já não faz mais coisas boas para o outro e, ao contrário, começa a fazer coisas ruins.

Um dado interessante a analisar é que cerca de 80% das mulheres assassinadas são atacadas por seus companheiros e ex-companheiros.

Para onde teria ido o amor e as juras eternas?

Muito simples, a pessoa deixa de amar a outra porque a outra já não atende às suas expectativas, já não atende ao que ela deseja e espera receber.

Nesse sentido, dá pra perceber claramente que existe egoísmo no amor.

Uma mãe só se importa com a vida do seu próprio filho. Ela não se compadece com a morte do filho de outra mulher. Normalmente, a morte do filho de outra pessoa não a incomoda nem a afeta.

Se você considera normal uma situação como essa, saiba que a questão não é exatamente a morte de um filho, se trata de uma mãe e sua perda.

Perceba que as situações importantes para uma pessoa versam sobre ela mesma, sobre o que ela ganha e sobre o que ela perde, o que demonstra egoísmo.

Em princípio, temos que lembrar que todas as pessoas querem se dar bem, querem ser bem tratadas, querem ser felizes, querem ganhar dinheiro, querem ter coisas boas e claro, não querem sofrer nem perder. Isso é da espécie humana.

Não é o caso de acusar nem de julgar ninguém, mas é o caso de chamar a sua atenção para o fato de que todos nós somos egoístas, de uma forma ou de outra e em um grau maior ou menor, mas todos nós trazemos esses traços.

Entendo que ninguém quer ser chamado de egoísta, porque parece que isso é recebido como uma crítica e ninguém que ser criticado. Entretanto, contra fatos não há argumentos e você precisa entender e aceitar isso.

Nesse sentido, para uma pessoa começar a se dar bem no plano energético, é preciso que ela saiba e aceite que tem que amar a si mesma primeiro e se colocar em primeiro lugar sobre todas as coisas, sem prejudicar nem preterir ninguém, mas se colocando em primeiro lugar.

Aparentemente, todos nós já fazemos isso desde sempre, mas ninguém admite, se dá conta ou assume realmente.

Temos como exemplo as instruções gerais de voo para o caso de despressurização do avião, as quais dizem para você colocar a máscara primeiro em você, para somente depois ajudar quem estiver ao seu lado.

Isso deveria demonstrar, comprovar e significar alguma coisa para você.

Pelos laços de relacionamento, amizade, afinidade e parentesco, costumamos nos entregar ou dar alguma coisa nossa a outra pessoa, mas normalmente objetivamos receber algo em troca.

Lembre-se da terceira lei de Newton, que diz que, para toda ação existe uma reação de igual intensidade que atua no sentido oposto.

Ainda nesse sentido e dentro da nossa realidade, podemos concluir que as pessoas são criadas e direcionadas para se colocarem em primeiro lugar, mas isso não significa que não devemos interagir com os outros, ajudar ou compartilhar, não, não é isso.

Numa boa convivência social, temos que doar, servir, ajudar, compartilhar, viver e trabalhar, ter uma família, amigos, respeitar a família, os amigos e também os outros seres vivos.

Entretanto, perceba que você é um ser único e, como ser único, está sozinho.

Claro que você não é um ser sozinho, sem ninguém e sem companhia, não é isso. É a sua individualidade, sua singularidade que demonstra que você está sozinho.

Quando você é gerado, a despeito da inestimável importância da sua mãe, você está sozinho, pois você tem que atravessar os nove meses e superar tudo. Você nasce sozinho e mesmo que não possa perceber, já luta pela vida arduamente.

Sem a noção da vida peculiar dos adultos, você passa seus primeiros anos sem saber de nada e, por isso, é um ser solitário, na essência do seu anonimato.

Quando você começa a se perceber como gente, como pessoa humana, você se defronta com seus pensamentos, com sua intimidade intelectual e sexual, com suas vontades particulares, sua privacidade mental, suas intenções, suas sensações e seus desejos íntimos. Esses princípios de individualidade são impenetráveis, pois pertencem somente a você e por isso mesmo você está sozinho.

Quando você dorme ou mesmo quando adoece, mesmo que tenha pessoas ao seu lado, você está sozinho.

Independentemente da sua força e de quantas pessoas participem da sua vida, você tem que enfrentar os momentos mais difíceis da vida sozinho e, finalmente, na hora derradeira, no momento da morte, apesar do que você esteja sentindo e de todas as sensações que são absolutamente só suas, mesmo que esteja rodeado de pessoas, você está sozinho.

É por isso que na essência da criação, você foi criado para ser forte, capaz e autossuficiente. Não uma autossuficiência em relação às outras pessoas, mas uma autossuficiência em relação à sua autonomia existencial.

Trata-se da energia que dá a cada um a capacidade de enfrentar as dificuldades da vida, de forma soberana e digna, sem absorver de maneira descontrolada a energia de outras pessoas e de outras coisas.

Nesse sentido, você deveria concluir e observar que os acontecimentos da vida das outras pessoas não deveriam te influenciar, porque aquilo que acontece com elas é resultado direto do que elas atraíram para as suas próprias vidas.

Podem ser acontecimentos políticos, sociais, financeiros, medicinais ou até de guerra.

Em qualquer caso, a pessoa que está passando por aquela situação, atraiu aquela situação de uma forma ou de outra.

Por isso, procure olhar para você, cuide de você.

Procure não se envolver energeticamente com os outros e, na medida do possível, aí sim, depois de cuidar de você, cuide dos outros.

Você sempre poderá ter empatia e compaixão pela triste situação de outra pessoa, mas, antes de agir em prol dessa outra pessoa, você precisa saber e entender que foi ela quem atraiu aquela situação para si mesma e você estará interferindo no que não lhe diz respeito, porque aquilo é peculiar, particular e energético da vida dela.

Sei que algum altruísta vai dizer o quão duro estou sendo com o uso desses argumentos, que eu tenho um coração de pedra e que as pessoas podem e devem ser ajudadas.

Minha resposta para isso é sim, você pode ajudar, mas eu não estou falando da prática de ajudar, estou falando das influências e consequências energéticas que cada pessoa traz consigo.

O que eu quero dizer é que existem vários tipos de pessoas que fazem todos os tipos de coisas sem se importar ou se preocupar com seu próprio futuro ou com as questões ou consequências envolvidas em suas atitudes. Dessa forma, não serei eu ou não será você que, com sua enorme bondade, retiraria a pessoa da situação negativa em que ela mesma se meteu.

Estamos tratando de coisas sérias, de extrema importância e você deveria entender isso. São questões relativas a um posicionamento existencial avançado, que leva em consideração as outras pessoas desde que sua própria existência não seja comprometida.

Eu já mencionei que, para que uma coisa aconteça, o sistema energético tem que se preparar e se posicionar antes. Se você interferir em um acontecimento, usando o livre arbítrio que você tem e que pode usar, ainda que por impulso, sem que haja uma preparação anterior para isso, muitas outras situações terão que ser modificadas e você precisará estar preparado para isso.

Uma pessoa que insiste em aprender e treinar uma arte marcial ou alguma modalidade de luta está dizendo ao SOU que ela quer encontrar um oponente para lutar.

Outra pessoa que sai de casa portando uma arma de fogo está dizendo ao SOU que quer encontrar uma pessoa que a ameace, para que ela possa sacar sua arma e se defender, ou seja, para que ela possa usar sua arma.

Caso você perguntasse a essas pessoas se elas querem isso, elas vão dizer que não e vão dizer que querem apenas estar preparadas para se defender.

Você consegue entender isso?

Portanto, tome cuidado com as mensagens que você envia. Fique atento para não enviar mensagens equivocadas e que não expressem enganosamente a sua vontade.

Um pássaro, ao pousar em uma árvore, tem sua confiança depositada em suas asas e em sua capacidade de voar, não no galho da árvore que ela pousou.

Da mesma forma, você deve "trabalhar" sua mente através de seu poder, através de seus pensamentos e suas palavras, para afastar qualquer tipo de ameaça e não para se preparar para enfrentar a ameaça.

Você consegue perceber a diferença?

Use somente palavras positivas, que transmitam a ideia de situações positivas e desejadas.

Lembre-se que todo o mundo e todo o universo são feitos de energia, não de matéria.

Lembre-se que os acontecimentos são formados a partir das manifestações energéticas.

Então, energeticamente, faça amor, não faça guerra.

CAPÍTULO 23

MEDO, O LADRÃO DA ALEGRIA

Em paralelo aos outros sentimentos, os seres humanos convivem também com uma sensação muito específica e danosa, que insiste em estar presente sempre e que não pode ser ignorada. Estou falando do medo, um sentimento que se baseia na constatação de um fenômeno que tomou conta de quase todas as pessoas e atingiu proporções muito exageradas.

Para entender melhor como o medo funciona e como a imaginação nos leva a temer condições inexistentes, vamos imaginar duas situações hipotéticas:

Na primeira você está no meio de uma guerra. Nesse caso, o medo de levar um tiro é compreensível e é real, pois se trata de uma situação bélica em plena atividade, em que os tiros partem de todos os lados e a todo momento.

Na segunda, imagine-se com medo de levar um tiro, no centro de uma grande ou pequena cidade.

No primeiro caso, o perigo realmente está ali, latente. No segundo caso e, no plano das possibilidades, a probabilidade e o perigo é improvável, quase zero e, embora possa acontecer, as chances são muito pequenas, além disso, a possibilidade de acontecer justamente com você, é ainda mais improvável.

Para que você possa fazer um bom e completo uso do poder da energia da Mente, um dos pré-requisitos é saber administrar o medo e, na medida do possível, afastá-lo completamente, escolhendo simplesmente não ter medo.

Não ter medo é um objetivo bem possível que você deve perseguir e pode conseguir.

O medo é uma sensação que proporciona um estado de alerta baseado no receio de que alguma coisa, uma suposta ameaça física, metafísica ou psicológica possa acontecer. O medo também é uma reação obtida a partir do contato com algum estímulo de interpretação, imaginação ou crença, que gera uma resposta de alerta no organismo.

Fisicamente, essa reação inicial dispara uma resposta fisiológica no organismo, liberando hormônios para preparar o indivíduo para fugir ou lutar.

Psicologicamente, a ansiedade, que é a emoção anterior comum ao medo, antecipa na maioria das pessoas a possibilidade de se deparar com um ser, situação ou objeto que lhe possa causar algum mal.

Certos tipos de medo surgiram por situações ruins experimentadas no decorrer da evolução das espécies, marcando um aspecto da reminiscência comportamental, representada pela gravação hereditária das memórias do passado.

Por isso, do ponto de vista evolutivo e em relação às ameaças que os seres humanos enfrentavam no passado, os medos foram vistos como diferentes e eficientes adaptações úteis.

Não obstante, em reforço à teoria, a afirmativa que se confirma é a de que o medo não é real e que o único lugar onde o medo realmente existe é na sua própria Mente.

Saiba que você pode escolher entre ter ou não ter medo. Você também pode escolher aceitar ou não aceitar um pseudoperigo, que foi displicentemente criado e que só existe na sua imaginação.

O medo é um produto da sua imaginação.

Ele te faz temer coisas que não existem e que talvez nunca venham a existir.

Não entenda errado, os perigos iminentes podem existir e podem ser reais, mas o medo não é uma coisa real, o medo é uma ficção.

Entenda que, energeticamente, pela força e importância das emoções vibracionais, o medo, fruto da sua imaginação, toma forma, propondo e provocando os acontecimentos, materializando e transformando em realidade o que só existia antes, na sua própria Mente.

Como eu já tenho dito, tudo o que existe tem início antes, na Mente.

O fato temeroso, aquele fato que você tem medo, só poderá acontecer, porque foi produzido antes, na sua Mente.

Sem você saber, entra em ação a sua capacidade de fazer acontecer o que era antes uma ficção e que agora se transforma em realidade.

Acompanhe o que aconteceu comigo no ano de 1994, em função de um medo que eu tinha, antes de eu comprar aquele grande terreno e muitos anos antes de eu conhecer o Seu Pedrinho, aquele bom homem da Seicho-No-Ie.

Como empresário, sabendo da abrangência das propagandas feitas na TV, procurei conhecer uma produtora de vídeos que mantinha um programa de entrevistas em um canal local do ABC, transmitido pelo sistema UHF.

Minha intenção inicial era anunciar e fazer propaganda da empresa de Mudanças que eu administrava e era proprietário.

Depois dos primeiros contatos, acabei me transformando em sócio da produtora. Não foi uma sociedade muito clara, mas eu acreditei nela e acabei colaborando com a realização do sonho dela, que era ter uma ilha de edição completa, nova e moderna.

Realizei também o meu desejo de investir e experimentar outro negócio que poderia dar algum resultado, só que não deu.

Em função dessa relação com a produtora, eu conheci um médico japonês, já idoso, que morava no Bairro Morumbi, em São Paulo e que, na época, anunciava ter um método diferente de tratamento que consistia em tratar a Mente.

Ele não tratava com remédios ou terapia tradicional, mas pasme, com palavras faladas.

Seu sistema de trabalho era composto basicamente pelo uso de uma maca, um tubo de oxigênio, um aparelho de áudio e fones de ouvido. Mediante um pagamento, que não era pouco, ele orientava a pessoa a deitar na maca, colocar os fones de ouvido e respirar o oxigênio. Em seguida, o aparelho de áudio começava a reproduzir frases, faladas por ele, incitando a pessoa a ter determinadas atitudes mentais, que refletiriam na sua vida cotidiana e em sua saúde.

Com meus conhecimentos atuais, noto que ele não sabia o suficiente sobre o poder da Mente, como eu explico aqui, visto que ele usava frases negativas como as mencionadas a seguir:

Doenças não existem mais.

Problemas acabaram.

Doenças acabaram.

Problemas não existem, etc.

Do ponto de vista energético, essas frases estavam completamente equivocadas e mal colocadas, contudo, é interessante saber que ele já tentava usar o poder da palavra falada para transformar a vida das pessoas.

Segundo o método dele, a transformação ocorreria a partir do momento que a pessoa ouvisse e assimilasse a ideia daquilo que ele propunha em frases repetidas.

Como um grande questionador que eu sempre fui, perguntei o motivo que o levara a criar aquele método. Ele me respondeu que vira, ao longo do exercício da medicina, que muitos pacientes eram curados de algum problema em algum órgão, mas voltavam tempos depois, com outro tipo de problema, em outro órgão. Segundo ele mesmo disse, a conclusão a que ele chegou foi que a maioria das doenças seria psicossomática, ou seja, seriam causadas e geradas pela própria Mente da pessoa.

Ao observar isso, ele passou a dedicar-se à cura do corpo pela cura da Mente.

Bem, mas eu comecei a contar essa história para falar de um medo que eu tinha e que eu manifestava.

Não me pergunte o porquê nem quando, mas eu desenvolvi em algum momento um medo de atropelar alguém. Não sei de onde surgiu isso, só sei que eu tinha esse medo e o que é pior, eu manifestava esse medo verbalmente.

Certo dia, eu e minha esposa estávamos indo ao Bairro Morumbi, para estar com o médico japonês. Era eu quem dirigia o carro em uma época que não havia incentivos para controle de velocidade e, quando estávamos trafegando por uma avenida de São Paulo chamada Cupecê, uma mulher "surgiu do nada" e entrou na frente do carro. Ela saiu da ilha que divide as duas mãos da avenida por onde ela andava e assim, do nada, atravessou, na frente do carro.

Eu, que sempre fui muito atento ao volante, brequei bruscamente, mas isso não foi suficiente para evitar a colisão e eu acabei por atropelar a pobre mulher.

Foi uma cena ruim de ver, triste e dramática de passar, pois ela foi arremessada metros adiante.

Paramos, descemos do carro, pegamos a mulher, a colocamos no carro e fomos para um hospital. Ela sangrava muito. Minha esposa foi com ela no banco de trás, tentando conversar, para tentar saber alguma coisa, como o nome e o telefone de algum parente. Ela ainda estava consciente e, com dificuldade, deu algumas informações.

Ela quebrou vários ossos do corpo, mas felizmente sobreviveu e se recuperou. Questionada sobre o acidente, a mulher reconheceu que o erro foi dela e sequer quis continuar com o processo que o Poder Judiciário tinha iniciado.

Não se tratou, absolutamente, de uma coincidência.

O medo que eu tinha tomou forma e, mesmo sem fazer nenhum sentido, acabou acontecendo.

Por esse fato, ou seja, por eu ter atropelado uma pessoa, eu percebi na época que tinha acontecido justamente aquilo que eu temia, meu medo havia se tornado realidade.

Eu refleti sobre o ocorrido e, observando aquele acontecimento, aprendi mais essa grande lição, ou seja, que eu deveria afastar o medo da minha vida e que se uma pessoa tem medo que uma coisa aconteça, essa coisa bem provavelmente vai acontecer.

Não estou dizendo isso só porque uma "coincidência" casual de um medo que eu temia acabou confirmando o meu temor.

Depois daquele episódio, comecei a pesquisar e a perguntar para as pessoas sobre os seus medos.

Descobri pelas pesquisas que, na grande maioria das vezes, ao longo da vida, o que as pessoas mais temiam acabava acontecendo. Com o passar do tempo e a partir das observações e de pesquisas direcionadas, percebi claramente a influência do medo na vida das pessoas.

Atualmente, eu não tenho medo de mais nada, mas se eu me pegar com um princípio de medo de alguma coisa, eu prontamente combato esse medo falando palavras positivas e de gratidão em voz alta, no sentido contrário ao sentido do medo percebido.

Não tenho mais medo porque sei que não devo ter medo, mas também porque sei que essa sensação é uma das vibrações que vai mais carregada de energia, sendo um fenômeno que fortifica e potencializa a ocorrência dos acontecimentos.

O que ocorre é que a frequência energética característica do medo é emitida e inserida no sistema energético como alguma coisa a ser atraída para a sua vida, pois representa uma emanação potencializada pela carga energética da emoção de um sofrimento antecipado.

Se for difícil para você entender ou aceitar a ideia de que um medo tende a se realizar, porque parece injusto, eu preciso esclarecer que não fui eu quem inventou esse tipo de fenômeno e método de atração, eu apenas o encontrei, decifrei, entendi e estou contando que ele existe, para que você se previna e se prepare.

O medo te faz perceber o quão ruim seria um acontecimento se viesse a acontecer e nesse caso você sofre por antecipação, acabando por atrair uma situação que não existe e não existiria se você não a atraísse e não a formatasse na sua própria Mente.

Eu tenho por hábito dizer que "sempre que tem ganho, tem perda e sempre que tem perda tem ganho". Não existe só perder nem só ganhar nessa vida.

Digo isso porque talvez você ache injusto seus medos se tornarem realidade.

Você deve lembrar que o poder da Mente ocorre a partir das manifestações da Mente e, sendo o medo uma delas, não poderia ser diferente.

Você ganha a capacidade de se manifestar, mas perde a de se manifestar erroneamente.

Imagino que você possa se perguntar, então, como uma pessoa pode se livrar do medo.

Confesso que é bem difícil se livrar do medo, mas, felizmente, é possível.

Você precisa arrancar o medo de dentro você. Retirar o medo seria, hipoteticamente, como arrancar uma parte do corpo, mas ao contrário do sofrimento que seria arrancar um braço, ao conseguir arrancar, afastar e retirar o medo, em vez de sentir dor, você vai sentir confiança e alegria.

Por mais incrível que pareça, saiba que você pode se livrar do medo apenas escolhendo não ter mais medo.

Mal comparando, seria como uma peça de vestuário que você já não quer mais. Você escolhe não a ter mais e simplesmente a descarta.

Eu sei que são situações diferentes, pois a peça do vestuário é um objeto e o medo é um forte sentimento interior. Felizmente, é assim que você poderia ver o medo, como algo que pode ser afastado.

Com o tempo, se você mantiver o foco de afastar o medo, você vai entender melhor esse conceito e, com algum esforço, vai conseguir eliminá-lo.

Não ter medo não significa se arriscar nem fazer coisas perigosas, não é isso. Não ter medo é a capacidade de enfrentar e afastar aquilo que te assusta, mesmo sem existir efetivamente, entendendo que o medo não é uma ameaça real.

Não ter medo é não imaginar uma coisa que provavelmente não vai acontecer, pois é algo que faz parte apenas da sua imaginação.

Não ter medo é não se antecipar nem focar em fatos imaginários, que nem aconteceram e que nem acontecerão, se você não temer e não pensar neles.

O verdadeiro perigo consiste na sua capacidade de atrair acontecimentos futuros através do medo, por pensar naquilo e por vibrar negativamente naquela frequência.

Se você se vir com medo de alguma coisa, você deve reforçar o seu posicionamento de não ter medo dizendo para si mesmo que não precisa ter medo de nada, que deve ser forte, que deve ser coerente com a Energia do Poder e acreditar que tudo vai acontecer conforme seu desejo e seu comando, pois o medo não é a expressão da realidade.

Não ter medo implica ter um comportamento resoluto, firme, determinado, acreditando que você pode enfrentar algo irreal e improvável que só existe na sua imaginação.

Procure enfrentar o medo de forma sistemática, ou seja, torne isso uma prática constante. Tenha em mente que você vai enfrentar o medo com a sua energia positiva eficiente e jamais deixe de fazer alguma coisa normal por questão de medo.

O tema imaginado na sua Mente, que configura o seu medo, só existe, por enquanto, na sua cabeça, portanto, afaste-o do seu pensamento e ele não vai acontecer. Não reforce esse medo ou qualquer medo, ao contrário, combata o medo não tendo esse medo.

Eu, particularmente, não tenho mais medo de nada.

Não tem medo de nada? Fala a verdade!

Confesso que algumas vezes pensamentos negativos e incoerentes passam pela minha cabeça, mas nesse caso eu os combato com uma frase falada positiva com gratidão, no sentido contrário ao do medo e em voz alta.

Com um posicionamento positivo, manifestado por palavras positivas e com gratidão, eu combato um ou vários pensamentos negativos.

Vou explicar melhor.

Se passar pela minha cabeça um pensamento negativo relativo a algum medo, em relação a qualquer coisa, a primeira postura que eu tomo e que você deve tomar é não falar nem comentar com ninguém aquele seu pensamento negativo ou aquele seu medo. Em seguida, você deve dizer em voz alta frases de gratidão que envolvam positivamente o assunto segundo o qual você teve aquele pensamento negativo ou aquele medo.

Você pode dizer por exemplo:

— Obrigado por ocorrer tudo bem na minha viagem.

— Obrigado por eu ir bem e voltar bem.

— Obrigado por eu sair de casa bem e voltar para casa bem.

São aceitas todas as formas de frases positivas. Quanto mais específicas forem as frases, melhor. Fique à vontade.

Imagine agora uma nova situação hipotética:

Você está andando só, sem nenhuma arma, de madrugada, em uma rua pacata e escura. O que é que já vem à sua mente e rapidamente vai te influenciar?

O medo.

Seu medo provavelmente vai insinuar que algum tipo sinistro vai aparecer e te ameaçar. Perceba que não há nenhuma garantia de que alguma pessoa mal-intencionada vá aparecer. É apenas a sua mente, através do seu medo, contaminando a sua realidade.

Na verdade, é bem possível que você atravesse aquela rua escura e chegue ao seu destino com tranquilidade, com vida e saúde, pois naquele dia não tinha nenhum malfeitor por ali.

No caso de dar tudo certo e você chegar bem ao seu destino, quando você estiver em segurança, você vai estar aliviado e comemorar por estar bem.

Combater o medo é justamente isso, é se fortalecer e acreditar que vai conseguir o que você quer, com êxito. É entender que é possível você transitar por uma rua escura sem que nada de ruim aconteça, talvez até contrariando as expectativas, mas é totalmente possível e a Energia do Poder vinculada à sua Mente, te proporciona isso.

Para que você tenha sucesso na sua travessia, você precisa fazer o caminho mentalmente antes. Fazer o caminho mentalmente antes é muito fácil e você pode fazer isso sem nenhuma complicação.

Você pode e deve ter uma estratégia energética voltada para a sua rotina.

Todos os dias ou sempre que você lembrar, antes de sair ou quando sair de casa, seja a pé, de bicicleta, moto, carro, ônibus, avião ou helicóptero, você deve dizer em voz alta e com gratidão algumas frases que norteiem os objetivos do seu dia e da sua vida.

Creio que estaria explícito entre esses objetivos que você queira sair e voltar para casa bem, portanto, bastaria você dizer:

— Obrigado por eu sair de casa bem e voltar para casa bem.

— Obrigado por dar tudo certo no meu dia, tanto na ida como na volta.

Utilizando frases como essas, você vai obter o que quer e deseja. Apenas falando você conseguirá atravessar uma rua escura com confiança e sem medo.

Depois de dizer qualquer frase positiva, tenha convicção de que as coisas vão acontecer conforme o seu comando, de acordo com o que você está propondo, querendo e desejando. Acreditar que tudo vai acontecer conforme você está planejando é de suma importância.

Confie no seu poder.

Em um primeiro momento, talvez você não vá conseguir acreditar, mas não se preocupe, pois isso é muito normal e faz parte do processo, mas seja firme e se esforce em acreditar, porque vai dar certo.

Reforçando que o poder da Mente só funciona com situações possíveis, quero te dizer que até seria possível que exista um malfeitor qualquer naquela rua, naquele dia, mas o fenômeno vai agir e, a partir do seu comando mental, mesmo que ele esteja ali, pronto para ameaçar e atacar pessoas, isso não vai acontecer com você.

No seu caso, ele não vai agir, não vai ameaçar, nem atacar você e ele nem vai saber o porquê não está agindo, nem ameaçando, nem atacando. Ele simplesmente vai escolher não fazer nada, sem nem saber o porquê.

Eu te conto o porquê.

Ele não vai agir por sua causa. Porque você, através da sua Mente, está fazendo funcionar propositadamente o seu poder, que é uma manifestação energética e eficiente, enquanto ele não usa a Mente, ele usa apenas seus parcos recursos instintivos e primitivos, na tentativa de ameaçar alguém que energeticamente é muito superior a ele, em força, poder, competência e aplicação de recursos.

Acredite!

Qual parte deste livro que diz que você pode controlar os acontecimentos você não entendeu?

Experimente, porque só vivendo isso você irá entender, aceitar e acreditar.

CAPÍTULO 24
CÓDIGO ENERGÉTICO

Ao falar da energia e da vida, é importante falar da base da energia e da base da vida. Não é sobre a base de sustentação, como um corpo ou uma casa, mas sobre o componente mais básico que existe na natureza, que é a base básica da vida e da energia, assim como é a base básica de tudo o que existe.

Essa base básica é o átomo.

Tudo o que existe, tudo o que você vê e até aquilo que você não vê, é feito e constituído pelos átomos. O átomo é a base básica de todas as energias, de todos os materiais e de todas as coisas.

O átomo é a unidade básica da matéria, mas não é matéria. O átomo tem um núcleo de carga elétrica, constituído por níveis de energia por meio de prótons, elétrons e nêutrons.

O átomo é cada uma das partículas minúsculas, eternas e indivisíveis que se combinam e se desagregam e que acabam por definir as características de cada objeto.

Os átomos se ligam e formam agregados que podem ou não constituir moléculas dependendo da natureza da ligação químico-mecânica.

Só para ilustrar, posso dizer que o átomo é tão forte e a energia do átomo é tão poderosa, que a partir do átomo foi criada a bomba atômica, cuja potência é bem conhecida.

O átomo contempla em sua forma um núcleo que, apesar de pequeno, detém quase toda a massa do átomo. No centro dele ficam os prótons e nêutrons, cada um com uma massa atômica unitária. O número de prótons no núcleo estabelece o número atômico do elemento químico, visto que o número de prótons somado ao número de nêutrons determina o número da massa atômica.

Os prótons têm uma massa unitária com carga elétrica positiva, enquanto que os nêutrons também têm massa unitária, mas não tem carga elétrica.

Em torno do núcleo do átomo, há no máximo sete camadas e nelas estão os elétrons, que quase não possuem massa, mas possuem carga elétrica negativa e orbitam o núcleo. Cada camada pode conter um número limitado de oito elétrons.

A maior parte dos átomos que constitui a Terra já estava presente, na sua forma atual, na nebulosa, que são as nuvens moleculares de hidrogênio, poeira, plasma e outros gases ionizados que formaram o sistema solar.

Há alguns átomos que não são primordiais, ou seja, que não estão presentes desde o início, nem são resultado de decaimento radioativo. Um exemplo deles é o Carbono-14, gerado continuamente por meio dos raios cósmicos na atmosfera.

Alguns átomos também são produzidos artificialmente como subproduto de reatores ou explosões nucleares.

Existem na atmosfera pequenas quantidades de átomos independentes que formam os gases nobres e os átomos restantes na atmosfera encontram-se ligados à forma das moléculas.

O mundo material existe porque os átomos combinam-se entre si para criar e formar todos os compostos e todos os materiais, inclusive os de maior complexidade.

Há um imenso rol de detalhes e considerações ao redor do átomo, mas a lição que fica e permanece com muita clareza é que toda matéria é feita pela composição de átomos, ou seja, tudo é feito de átomo, então, tudo é feito de energia.

Considerando que essa pequena explicação sobre o átomo não é suficiente para entender bem seu funcionamento, fica aqui a sugestão para que você estude melhor o átomo e a física quântica, para conseguir, de acordo com seu interesse, mais informações que possam enriquecer o seu conhecimento.

A propósito, como se sabe, o universo é bem grande.

O nosso Criador, quando criou o mundo ou quando criou os mundos, não pôde fazer uso e não dispunha de caminhões, tratores, trabalhadores, materiais e ferramentas capazes de fazer essa grande obra. Ele fez uso da única coisa de que dispunha, ou seja, Ele fez uso da energia e de seu próprio poder energético.

Evidentemente, e por isso mesmo, como tudo foi feito a partir da energia, tudo continua sendo feito, administrado, movimentado e criado a partir da energia e portanto, tudo em você e na vida é formado, revestido e permeado por energia.

Em paralelo, no decorrer do desenvolvimento e da evolução da humanidade, constatamos que os seres humanos foram capazes de desenvolver e realizar muitas coisas maravilhosas e incríveis.

A roda, por exemplo, que hoje é vista como um objeto banal, é uma das maiores invenções da humanidade e esse simples instrumento, que está presente em todos os campos da atuação humana, é visto com naturalidade e até sem a devida importância.

Não obstante, desde o passado mais remoto, acredita-se que as pessoas têm procurado a resposta para a questão de como as coisas se formam ou como as coisas acontecem.

Neste livro, você está descobrindo que as coisas acontecem a partir da emanação da energia individual e também coletiva e que, genericamente, que tudo, portanto, emana da energia.

A energia é a essência do ser e a comunicação energética por sua vez é parte essencial da vida

Muito além dos sinais, tudo na vida está em constante comunicação.

A comunicação, que existe por meio de palavras, sons ou gestos, avança também por caminhos naturais, silenciosos, invisíveis, imperceptíveis e desconhecidos por meio da energia.

Talvez você não saiba, mas você está sempre interagindo e se comunicando energeticamente, com tudo e com todos, nas frequências que você alcança. Com base na criação, essa comunicação é feita e é possível por meio de um sistema que consiste e utiliza uma criteriosa identificação energética que eu chamo de Código Energético.

Esses códigos energéticos identificam e avaliam o campo de formação, utilização, aplicação, atuação e ação da energia aplicada, dando sentido, forma, intensidade, importância e aplicabilidade às coisas, às pessoas e aos acontecimentos, conforme as características da energia que foi emanada e levando em consideração todo o contexto e o processo energético do qual ele é oriundo.

Assim como tudo o que nasce, o Código Energético é baseado nos registros energéticos relativos à sua origem, no seu nascimento. A partir daí, os códigos energéticos passam a existir e começam a interagir, atuar e compartilhar com tudo o que combinarem.

Fica um pouco difícil de entender, porque tudo isso ocorre no plano energético, que, além de ser desconhecido, também não pode ser visto, tocado ou sentido.

Como você sabe, mesmo sem ser conhecida, essa tal "energia" é muito falada e discutida, como quando a pessoa fala "minha energia bateu com a dela", ou quando uma pessoa fala "ele tem uma energia muito boa". Portanto, sabemos que existe uma "energia", só não conseguimos identifica-la.

Dessa forma, não é o caso ainda de entender ou decifrar os códigos energéticos, mas é o caso de saber que eles existem e que são eles que viabilizam a comunicação entre pessoas, coisas e situações. A par disso, você precisa saber que toda essa comunicação existe, de forma natural e independente, e você precisa saber que essa comunicação funciona, provoca e causa os acontecimentos.

Se você conseguir entender e aceitar essa manifestação natural da comunicação, que ainda não tinha sido explicada dessa forma, você vai poder experimentar soluções incríveis e inimagináveis para a sua própria vida, que lhe permitirão alcançar bons resultados, aqueles esperados e desejados.

Consequentemente, entenda que existe uma comunicação energética entre você e as outras pessoas e também entre você e as coisas com as quais você interage ou quer interagir. Não obstante, muitas vezes você se comunica também com situações, coisas ou pessoas, com as quais você nem queria se comunicar, mas que acabou se comunicando por meio de suas vibrações e emanações energéticas.

Saiba que essa comunicação funciona melhor com aquilo que está mais próximo, todavia, você tem total condição e capacidade de estabelecer comunicação energética com coisas, pessoas e situações distantes ou muito distantes. Eu sei e reconheço que as pessoas ainda tentam entender o mundo e ainda procuram por respostas em todos os campos desconhecidos das relações humanas, entretanto, as respostas obtidas parecem não ser eficientes ou precisas, não conseguindo ser significativas.

A resposta, então, para a eventual pergunta que abrange a comunicação energética, a sua relação com os acontecimentos e como ela se estabelece, consiste em dizer que, assim como o exercício do poder da mente, ela se estabelece por meio de códigos energéticos.

Ao falar sobre códigos energéticos, em um momento que ainda não existe nenhuma comprovação científica da existência disso, pode parecer um pouco precoce, mas nós podemos estar certos de que essa comprovação virá em algum momento no futuro e será, no seu tempo, uma das maiores descobertas da humanidade, o que mudará radicalmente o modo das pessoas encararem o mundo e a existência humana.

Assim como era antes, na antiguidade, quando não havia tantos avanços como temos hoje e, sabendo que depois foram feitas as descobertas, uma após a outra, vimos também vários tipos de energia serem conhecidas. Além da energia elétrica, tão comum, tão utilizada e tão conhecida em nosso meio, temos outras como a energia mecânica, que pode ser cinética ou potencial e gravitacional ou elástica, a energia térmica, a energia química, a energia nuclear, a energia por micro-ondas e a energia solar, um tipo de energia absorvida a partir dos raios solares, que podem ser sentidos, mas que normalmente não podem ser vistos.

Perceba que as características energéticas são muito parecidas e, independentemente de você não poder ver, como a energia elétrica ou a energia contida nos raios solares, elas estão presentes e afetam ou modificam as coisas e as situações aqui na Terra.

O Sol sempre existiu e sua energia não era captada ou utilizada antes como é reconhecida e utilizada hoje. Enquanto manifestação energética, o Sol não faz apenas clarear e esquentar o dia e, assim como a energia elétrica, também é capaz de carregar baterias, o que permite o funcionamento e a transformação de aspectos do nosso cotidiano.

Nesse sentido, o fato de você não poder ver ou perceber essas energias que permeiam e fazem parte da nossa existência não significa que elas não existam ou que não possam influenciar sua vida. Seu conhecimento maior sobre a energia vai abrir um universo de perspectivas tão abrangentes que provavelmente vai te dar uma noção melhor sobre as possíveis plataformas da razoabilidade da existência humana.

Com efeito, ninguém sabe quase nada, eu inclusive, assim como ninguém tem as várias respostas necessárias, mas é legítimo e saudável sair da simplicidade do acordar e dormir para buscar algum indício que possa respaldar a nossa existência.

Há também a possibilidade de você assistir aos inúmeros documentários que existem à disposição nos canais de televisão mais populares e conhecidos, assim como um vasto conteúdo na internet que pode te dar uma noção da grandeza do universo.

Conhecer um pouco mais todos esses assuntos vai ampliar a sua bagagem de conhecimento, ampliar a sua base de raciocínio e vai te elevar ao nível daquela pessoa que raciocina sobre todas as coisas e que, mesmo assim, não obtendo todas as respostas, consegue entender um pouco mais sobre essa incrível experiência.

CAPÍTULO 25
A MENTE E O CÉREBRO

Muitas pessoas talvez confundam a Mente com o Cérebro.

Esta é uma confusão até compreensível, mas são dois conceitos totalmente distintos. A Mente é um sistema organizado que se refere ao conjunto de processos cognitivos e atividades psicológicas. É a parte incorpórea, inteligente e sensível que representa o espírito, a alma e a energia do ser.

É a Mente que tem a faculdade e o modo de compreender ou de criar a imaginação. É a Mente que pode visualizar por antecipação um resultado, com a imaginação, a percepção e a força.

Após vários séculos de considerações filosóficas e muitos avanços na área da neurociência, o conceito de Mente ainda permanece bem difícil de definir em palavras. Uma visão forte e que tem raízes históricas, sustentada por Platão e Descartes é a de que a Mente seria uma entidade separada do corpo.

A definição para a Mente tenta resgatar a essência do ser, remetendo ao entendimento sobre possíveis mecanismos que podem ser subjacentes aos processos mais complexos do comportamento humano, tais como a Consciência, a Atenção e o Pensamento. Ao entendermos a mente como um conjunto de funções e atribuições que vai muito além do espírito e da alma, os estudos da real natureza dos seres humanos tornam-se muito mais interessantes e atraentes.

O Cérebro, por sua vez, é o órgão controlador do sistema nervoso central e funciona como o órgão da coordenação neural, que consiste na mais complexa estrutura material do universo. O Cérebro recebe estímulos por meio dos órgãos sensoriais e os interpreta por meio das impressões armazenadas, com o fim de acionar outros impulsos motores para controlar todas as atividades físicas vitais.

O Cérebro, como sede física da inteligência, reúne as faculdades intelectuais do raciocínio, do talento, da vontade e privilegia a razão sobre a emoção. O Cérebro é composto basicamente de substâncias químicas e sua arquitetura é caracterizada por vias neurais e células neuronais.

As ligações ou conexões cerebrais são chamadas de sinapses, cuja atividade ocorre por meio de neurônios que dependem totalmente do oxigênio. Assim, cada vez mais, estamos percebendo que o cérebro é complexo o suficiente para explicar, entre outros mistérios, a aprendizagem, a memória, a emoção, a mecânica corporal e a criatividade.

O cérebro é a máquina e a Mente é a condutora dessa máquina.

Cérebro e Mente foram criados para andar juntos, assim como o carro e o motorista ou o avião e o piloto.

Carro e avião, ainda de forma limitada, já podem ir sozinhos, mas foi a Mente do ser humano, quem lhes deu essa capacidade.

O Cérebro viabiliza a capacidade da organização do corpo físico, enquanto que a Mente viabiliza a capacidade da organização metafísica.

A Mente vem antes, abrindo os caminhos, e o Cérebro vem depois, realizando as tarefas.

Podemos dizer que o Cérebro representa o que é concreto, real, limitado e falível, enquanto a Mente representa o abstrato, a ficção, o desafio, a liberdade e a transcendência.

Analise as realizações em geral e verifique que, de uma forma ou de outra, tudo o que foi pensado, projetado e realizado, foi pensado, projetado e realizado antes na Mente.

É na Mente que arquitetamos todos os acontecimentos conscientes futuros, como a construção de uma casa, por exemplo, mas muitas vezes fazemos projeções de forma inconsciente.

Seja a construção de um carrinho de madeira, uma casa de tijolos, um prédio de apartamentos, um novo carro ou um avião, ou qualquer outra coisa, tudo foi projetado antes, na Mente.

Na Mente, aquilo já está pronto. Foi a Mente que conseguiu imaginar, criar e ver antes, a coisa pronta e acabada.

Considerando que tudo é feito antes, na Mente, podemos considerar e perceber claramente também que a Mente tem o poder de criar e realizar.

O simples fato de se conduzir até uma padaria, foi projetado e realizado antes na mente.

Pare e perceba isso.

Portanto, o fato de você se "dar bem" ou "se dar mal" em uma simples ida à padaria, pode ser formatado antes na Mente.

Através da situação hipotética descrita a seguir, tentarei mais uma vez demonstrar o Poder, comparando com o poder de uma arma de fogo.

Imagine que um policial vá a um zoológico e entregue seu revólver, municiado, para qualquer chimpanzé que lá encontre.

Provavelmente, se o policial fizer isso, terá que se afastar e se esconder, porque o primata poderá atirar em qualquer direção, inclusive nele próprio.

Na hipótese, ao pegar a arma de volta, o policial demonstraria sua habilidade, atirando em um alvo qualquer, acertando com precisão.

Esse exemplo hipotético visa a ilustrar a ideia comparada de situações de uso do poder, nesse caso, o poder da arma de fogo.

A ideia é fazer uma comparação grosseira entre a arma de fogo e a Mente.

Assim como o macaco faria, sem saber, uso equivocado da arma de fogo. As pessoas fazem, sem saber, uso equivocado da Mente e do poder da Mente.

Isso acontece porque, assim como o macaco não sabe o poder que tem uma arma de fogo, as pessoas também não sabem o poder que trazem consigo dentro delas e, por causa disso, muitas vezes acabam causando graves danos, às vezes irreversíveis, a si mesmas.

Uma pessoa não preparada pode atingir a si mesma ou outras pessoas inocentes, sem saber e sem querer, apenas com o mau uso do poder e da energia de sua Mente.

No mesmo sentido, mas ao contrário, uma pessoa preparada pode atingir a si mesma ou a outras pessoas, sabendo, querendo e fazendo bom uso do poder e da energia de sua Mente.

Em geral, as pessoas não sabem e não acreditam que os fatos ruins que ocorrem em suas vidas foram criados a partir do uso incorreto de suas próprias mentes e atribuem isso a fatos aleatórios, ao destino, a Deus ou a forças malignas.

Os bons acontecimentos, que também são frutos da Mente, as pessoas costumam atribuir ao acaso, à sorte, aos anjos, aos santos ou a Deus.

Parece que não passa pela cabeça das pessoas que elas são as verdadeiras responsáveis por suas próprias vidas e por tudo o que acontece, terminando por atribuir a responsabilidade da condução de suas vidas sempre aos outros.

Considere que o poder da Mente funciona de maneira soberana, emanando vibrações energéticas, a partir de você, de seu comportamento, de seus pensamentos e de suas palavras, *com* ou *sem* o seu controle.

É importante você saber que você pode ter o controle dos acontecimentos e que deve aprender a controlar a Mente de forma eficiente, sob pena de continuar a ter surpresas inexplicáveis e desagradáveis em sua vida.

Você não precisa aceitar, entender ou fazer esse controle a partir de agora se não quiser, entretanto, você deve ficar atento para as questões que estão em torno de você, quero dizer, observe e analise para poder perceber a minha mensagem.

A Mente é realmente um instrumento de Poder, que está disponível, que pode ser usado e acionado para o seu bem ou também contra você. Depende unicamente de você saber o que está fazendo, com o controle da situação, com vontade, sabedoria, equilíbrio e treinamento.

CAPÍTULO 26
O MOMENTO ANTERIOR

Como já mencionei, os acontecimentos têm como base o momento anterior ou o "antes", ou seja, aquilo que foi criado antes, na Mente.

Antes é o tempo passado, é o que era antigamente, outrora ou também o começo. É nos momentos anteriores que tudo acontece.

Essa afirmação decorre da simples verificação de que tudo o que acontece ou aconteceu ocorreu porque algo aconteceu antes e foi feito antes, na Mente.

A partir de um desejo, uma sensação, um medo, uma vontade, algum interesse, necessidade, sentimento, ou qualquer outro tipo de vibração. É antes que projetamos toda a nossa vida futura, tanto no que diz respeito à nossa rotina, como às questões mais importantes da nossa existência, a nível consciente ou inconsciente.

Vamos imaginar o seguinte exemplo: um casal de namorados pretende se casar e por isso decidiu comprar um terreno onde vão construir uma casa. Em suas conversas particulares em relação à construção da nova casa, ela, que adora cozinhar, manifesta a intenção de ter, conjugada com a sala de jantar, uma cozinha ampla e funcional, com uma boa pia de granito, um balcão de refeições rápidas defronte a uma grande janela, confeccionada em perfil de alumínio branco e vidros verdes, com vista para um bonito jardim. É assim que ela imagina.

Ele, acompanhando a preferência da futura esposa, diz que, próximo ao jardim, gostaria de instalar uma churrasqueira. Ele diz que quer também uma garagem nos fundos, onde imagina colocar, além do carro, máquinas e ferramentas, pois aprecia fazer pequenos serviços domésticos. Ela manifesta ainda seu desejo de ter uma suíte máster com espaço para um bom *closet*, além dos quartos das crianças, banheiros e a lavanderia estrategicamente disposta. Ele finalmente diz que quer uma sala aconchegante para sofá, som e TV.

No devido tempo eles contratam uma arquiteta para elaborar e aprovar o projeto, que após algumas reuniões cheias de entusiasmo, realizadas para transmitir à arquiteta a ideia que tinham para a casa dos seus sonhos, é concluído.

Seguindo o curso e com o projeto aprovado, contratam um empreiteiro e, algum tempo depois, a casa está construída e tem o conforto, a forma e a beleza que eles idealizaram.

Tudo isso parece muito óbvio e é mesmo, pois é assim que as coisas funcionam. De tão simples, a gente nem nota que tudo foi feito antes, na Mente.

Perceba que eles imaginaram toda a casa e que essa imaginação ocorreu a partir da Mente. A gente cria na mente, que é abstrata, e a coisa acontece na realidade, concretamente, materializando desejos, convicções e propósitos, tal qual foi imaginado antes, na Mente.

Claro que, usando o exemplo do projeto da casa, você logo entende e sabe que não poderia ser diferente, mas esse fenômeno de configuração dos acontecimentos antes, na Mente, ocorre o tempo todo, com tudo o que você pensa, faz e fala.

A questão a considerar é que você não percebe isso ou nem imagina

CAPÍTULO 27

A LEI DA ATRAÇÃO

Claro que você já ouviu falar em ímã.

Ele também é chamado de magneto e é um mineral natural que possui um campo magnético. O magnetismo origina-se na organização atômica dos materiais, pois cada molécula de um material é naturalmente um pequeno ímã, denominado de ímã molecular.

Durante a formação de um material, as moléculas se orientam em sentidos diversos e, se os efeitos magnéticos dos ímanes moleculares se anulam, resulta em um material sem magnetismo natural. Contudo, se durante a formação do material as moléculas assumirem uma orientação que predomine, ou seja, no mesmo sentido, os efeitos magnéticos do ímã se somam, dando origem a uma substância com propriedades magnéticas naturais.

Curiosamente e apenas para ilustrar, você sabe e percebe que um ímã atrai espontaneamente o metal, mas não consegue visualizar aquela força atuando.

Aquilo que atua é Energia. Uma energia sem forma, sem cheiro, sem cor, sem nada, ela apenas existe e funciona.

Você aprende a aceitar aquele fenômeno sem questionar porque você o vê atuando, você aprendeu a aceitar aquilo naturalmente, porque aquilo foi apresentado a você.

Bem, provavelmente você já ouviu falar da lei da atração.

Há muitas publicações a respeito da Lei da Atração, mas tentando explicar de maneira didática, podemos dizer que a lei da atração funciona como um ímã, formando um campo magnético de atração entre você e os outros elementos da vida.

A Lei da Atração funciona por afinidade, ou seja, ela aproxima você daquilo com o que você tem vontade de se aproximar ou, por outras palavras, a lei da atração te aproxima daquilo que, de várias formas, você manifesta em você.

A palavra afinidade é normalmente usada para indicar detalhes positivos da interatividade pessoal.

Afinidade é semelhança.

Contudo, uma pessoa também pode ter afinidade com coisas ruins.

Dessa forma, é bem fácil de entender que você vai se sentir atraído ou vai se aproximar das coisas com as quais você se afina, se estreita, quer, pensa ou fala.

Assim, se você tiver afinidade com carros de corrida, você vai se aproximar e ser aproximado a tudo que está relacionado com carros de corrida. A mesma coisa com todas as outras coisas e afinidades.

Da mesma forma, se você tiver afinidade com armas de fogo, você vai se aproximar e ser aproximado a tudo que está relacionado com armas de fogo.

Nesse sentido, apenas para ilustrar e usar esse exemplo, uma pessoa que anda "armada" imagina, em sua Mente, que a qualquer momento precisará se defender de alguma injusta ameaça.

Consequentemente, essa pessoa vai atrair esse tipo de situação, quero dizer, de forma inconsciente, ela vai atrair uma situação em que é atacada por alguém que enseje a necessidade de que ela se defenda, que é exatamente o que ela "queria".

É um não querer, querendo, acho que você sabe como é.

Da mesma forma, se uma pessoa trabalha como florista, rodeada de flores todos os dias, pensando que a vida é mais bonita por causa da existência das flores, ela vai atrair para si pessoas com a mesma opinião, felizes e que querem ter flores ou recebe-las de presente.

Tendo em vista que vivemos em um plano energético, as coisas vão funcionar assim, tal qual foi imaginado, pensado e vibrado. Suas emoções, sensações e sentimentos o aproximarão de pessoas e coisas energeticamente correspondentes, fazendo com que você seja atraído ou se aproxime daquilo que você "quer".

Tudo o que um "lutador" ou praticante de artes marciais "quer" é a oportunidade de encontrar um opositor para o qual ele possa demonstrar suas habilidades, preferencialmente, vencendo o embate.

Se você o questionar, ele dirá que não quer brigar com ninguém. Dirá que treina e pratica "por esporte" e que afinal, se algum engraçadinho injustamente o afrontar, ele não teria culpa, mas que estará preparado para responder de forma eficiente, a essa injusta agressão.

É aquela situação de não querer, querendo.

Perceba que ninguém compra ou adquire uma coisa que não quer usar. Se a pessoa comprou ou adquiriu, ela vai desejar usar aquilo em algum momento, senão, não teria nenhum sentido nem motivação para a aquisição.

Esta parte dessa abordagem é muito importante porque muitas vezes aquilo que a pessoa manifesta por fora não é o que ela sente por dentro.

A pessoa "diz" que não quer, mas, intimamente, ela quer. Isso faz parte da vaidade, do orgulho, do jeito, da forma e, enfim, faz parte da psique humana.

Nesse sentido, não adiantaria você falar ou ter um posicionamento falso em relação ao mundo externo, porque suas mensagens e sua vibração interior vão levá-lo pelo caminho energético e não pelo caminho das aparências. Entenda que as pessoas se aproximam daquilo que vibram, pelas características da energia que emanam.

Você precisa saber e aceitar que este planeta é formado, permeado e movido pela energia. A energia é uma força subdividida em incontáveis tipos e frequências, que vão tomando forma e alcançam tudo o que lhes é peculiar ou semelhante.

Você pode pensar nesse alcance da atração como uma onda de rádio que só é captada pelo receptor que estiver na mesma frequência do transmissor.

Essa é a verdadeira beleza do modelo energético que nos envolve e do qual tudo é formado e constituído, pois não há como enganá-lo, distraí-lo ou confundi-lo.

Essa fantástica proeza que esse modelo energético consegue imprimir na vida de todos nós, dentro do contexto existencial que estamos inseridos, é a versão científica para a máxima religiosa que diz que "os olhos de Deus estão em todo lugar".

Na verdade, Deus não fica ali olhando tudo o que fazemos. Ele sabiamente criou um sistema energético de apuração dos fatos e suas consequências, dentro de um contexto, como já foi explicado aqui, que é energético e que pode por si só atender às demandas, levando em consideração todos os critérios desse mesmo sistema energético de apuração.

É a expressão prática do famoso ditado que diz que "aqui se faz, aqui se paga". Podemos substituir "se paga", por "se recebe", sempre a partir de conceitos e critérios energéticos, preestabelecidos pelo Criador. O único responsável pela existência desse sistema é o Criador, ou seja, não é ideia minha, eu estou apenas transmitindo o conceito.

Eu sou, por exemplo, como o professor de matemática, que não foi quem inventou a matemática, apenas teve a oportunidade de aprender e ensinar, transmitindo para os outros o seu conhecimento.

Não há como evitar a lei da atração. Ela é apenas mais uma das inúmeras leis naturais que existem independentemente da sua vontade.

A vantagem é que você pode aprender a usá-la a seu favor, atraindo o bem ou o que é bom para você e afastando o mal ou o que não é bom, de você.

Existem várias formas de fazer a lei da atração funcionar, a principal forma é ensinada aqui com o uso das palavras positivas faladas em voz alta, reforçadas pela gratidão e alicerçadas no seu interior.

Pode começar a usar, vai funcionar.

CAPÍTULO 28
MANIFESTAÇÃO

Acredite que você pode e você vai poder, não porque eu estou dizendo, mas porque é assim que funciona.

Acreditar que é possível é metade da conquista.

Acreditar é a energia potencial aproveitada pela Mente para fomentar o planejamento e o acontecimento.

Normalmente, nenhuma pessoa chama uma arquiteta para fazer um projeto de uma casa se não acredita que vai poder construí-la.

Em geral, quando você quer, você acredita no resultado. Agir com a crença no resultado vai fazer você esperar que o resultado aconteça. Do contrário, sem crer, vai faltar um dos ingredientes básicos e não haverá combustível suficiente para alimentar a energia que provoca o fato.

Não estou falando de uma crença cega e ingênua em uma pessoa, uma coisa ou em uma organização. Não estou falando sobre a crença nas pessoas.

Estou falando sobre você acreditar em você, no seu poder.

Estou falando em acreditar de verdade, sem duvidar nem titubear.

Estou falando sobre você desejar algo e acreditar que aquilo que você deseja vai acontecer.

Estou falando para você crer em seu poder e na energia da sua Mente.

Acreditar que é possível fará toda a diferença para o planejamento e para os acontecimentos da sua vida.

É o acreditar que te remete à possibilidade da realização e do sucesso. A propósito, para ter sucesso, ou para ter mais sucesso, é necessário também que você seja uma pessoa otimista e positiva.

Se você estiver direcionando sua energia de forma equivocada ou focando seus sentimentos e suas palavras no que você não quer que aconteça, seus pensamentos, suas palavras e suas vibrações psicoemocionais o levarão justamente para as situações que você não quer.

É importante que você seja otimista, que veja o lado positivo em tudo e que acredite que vai dar tudo certo.

Manifeste seu desejo, sua vontade positiva claramente, seja direto e específico.

Manifestar seu desejo, sua vontade, não é pedir, ao contrário, é agradecer.

Saiba que você pode alcançar todos os seus sonhos, se você se conduzir pelo caminho certo, se falar as palavras certas, se vibrar certo, se sentir certo.

Sinta, mantenha e manifeste a gratidão a tudo e a todos.

Manifeste gratidão de forma consciente e eficiente.

Procure sentir na gratidão a emoção de estar vivo, de ter um corpo e tudo o mais que você tem em você ou à sua volta, lembrando que tudo poderia ser diferente.

Seja grato pela vida, pela saúde, pela pessoa boa e bonita que você é, pela família que você tem, por ter nascido neste país, por poder trabalhar, por poder fazer escolhas e por tudo que é importante e relevante na vida, como a capacidade de ter um corpo saudável, ver, andar, falar, ouvir, respirar, comer, ler, pensar, amar, servir, compartilhar, ser livre etc.

CAPÍTULO 29
TRANSPARÊNCIA

Transparência, nesse caso é se deixar conhecer.

Muitas pessoas não gostam ou preferem não ser "transparentes", não mostram aquilo que realmente pensam ou o que trazem dentro de si. Algumas delas agem assim porque querem ser misteriosas, enquanto outras não querem que descubram o que elas trazem dentro de si, suas mazelas pessoais ou particularidades.

Já está bem claro que cada um deve ser como quiser. Entretanto, ser transparente é ter a capacidade de permitir que vejam por meio de você. É ser autêntico, claro e, assim, por ser mais leal, transmitir mais verdade e mais confiança.

Ser transparente é ser correto consigo mesmo e com os outros, sem esconder os reais objetivos e as reais intenções. A transparência é acompanhada da boa vontade, da honestidade, do desejar o bem e não desejar o mal, e de não fazer mal em nenhuma situação a qualquer ser vivo.

Sei que parece que estou misturando transparência com bondade, mas a verdade é que aquele que é transparente, o é porque não quer esconder ou não tem o que esconder. Em geral, as pessoas escondem o que não querem que os outros vejam ou saibam, justamente por não ser bom ou apreciável.

No sentido contrário, as pessoas deixam transparecer somente aquilo que parece bom, normalmente esperando receber alguma vantagem por isso. Pratica a transparência também quem faz o que precisa com objetivos sublimes, verdadeiros e coerentes, o que impede o acesso dentro de si e ao seu redor, de energias negativas e prejudiciais.

Ser transparente está ligado aos atributos de sinceridade, de honestidade e de bom caráter, na medida do possível, com tudo e com todos.

Eu não costumo julgar e, nas perguntas abaixo, não está inserido nenhum julgamento de valor. As perguntas vão trazer apenas a constatação de alguma característica:

Você acha possível uma pessoa ter acesso a algo bom se ela mesma não é boa?

Como seria possível uma pessoa querer ter alguma prerrogativa ou vantagem que ela mesmo não oferece?

Algumas pesquisas mostram como as pessoas consideram o que é ser uma pessoa boa e os resultados são surpreendentes.

Independentemente desses resultados, é preciso entender que as pessoas veem o mundo a partir delas mesmas, a partir do que elas têm dentro de si.

Independentemente de eventual julgamento de qualquer pessoa ou entidade sobre o valor da sua conduta, você deve saber que, no plano energético, aquilo que está dentro de você será identificado pelo SOU e você será tratado ou conduzido tal e qual suas verdadeiras características, sem qualquer julgamento.

Será muito bom se você puder ser transparente no trato com as outras pessoas, mas o mais importante é que você seja transparente e honesto com você mesmo.

A opinião dos outros em relação a você não deveria te preocupar, nem te aborrecer.

Talvez você possa fazer em você exercícios e exames de autoconhecimento, que possam dizer e mostrar para você quem você realmente é.

Esses exercícios vão te ajudar a encontrar o caminho da sua própria verdade.

Saber quem você é não é importante pra mim, mas deveria importar muito pra você.

Você sabe quem você é?

Se você descobrir, por exemplo, que você não é a pessoa que gostaria de ser e se tiver a intenção de realmente mudar isso, não se preocupe, você poderá utilizar os auxílios médicos e psicológicos profissionais disponíveis e aprender a controlar seus próprios impulsos negativos, mas poderá também aplicar as ferramentas apresentadas aqui.

Estamos neste planeta, entre outras questões, para aprender e isso às vezes não é tão fácil, mas ainda assim, podemos aprender a ser diferentes e melhores para nós mesmos e para os outros.

Como diz a moderna máxima:

"Seja você mesmo a diferença que você quer ver no mundo".

Persiga o bem, o seu próprio bem e o bem dos outros. Seja razoável e comprometido com a construção e a manutenção de um mundo melhor para você e para os outros.

Apenas não atrapalhando e não prejudicando, você já estará ajudando bastante.

Por mais que pareça, não se trata de altruísmo, solidariedade, bondade ou filantropia.

Quando você faz bem, faz direito, faz certo e não faz mal nem prejudica o que quer que seja ou para quem quer que seja, você constrói para si mesmo uma atmosfera de harmonia favorável e conveniente que beneficia a você mesmo mais do que aos outros.

Talvez tenha sido isso que Jesus Cristo quis dizer quando falou para amar o próximo como a si mesmo.

Sabendo que amor é proteção, na prática, talvez ele quisesse dizer "ame a si mesmo e proteja a si mesmo, fazendo o bem para o próximo".

Na verdade, o que importa é saber que, energeticamente, aquilo que você faz para os outros, volta para você.

Os desafios que enfrentamos constantemente e que sempre enfrentaremos, tanto externa quanto internamente, são e serão eternos, mas a noção do que é o certo, mais a vontade de acertar, aliados à determinação de conseguir, somados à possibilidade de transformar o sonho em realidade, farão com que os benefícios alcançados pelo aprimoramento e uso da transparência valham a pena.

CAPÍTULO 30
GRATIDÃO

Se eu pudesse resumir todo esse livro em apenas uma palavra, essa palavra seria Gratidão.

Se eu tivesse que resumir todo o sentido da vida em apenas uma palavra, essa palavra seria Gratidão.

O sentimento de gratidão é uma manifestação de reconhecimento, é um estado de expressão emocional interior, de algo que reconhecemos como positivo e significativo.

Gratidão é uma condição onde você reconhece que é favorecida por ser o que é, ter o que tem, fazer o que faz e poder o que pode.

Mais do que um sentimento de conformação, ou seja, de se conformar, ser grato é um sentimento que vem do seu âmago e que é capaz de exprimir e demonstrar sua satisfação por suas condições gerais, independentemente de quais elas sejam.

A gratidão é o melhor aprendizado que você poderá ter, a partir deste livro ou por outra fonte e também será com toda certeza a escolha da melhor prática que você deverá preferir utilizar durante toda a sua vida.

Eu tenho plena convicção sobre isso.

Ser grato é o principal elemento ou atributo de efetivação da Energia do Poder.

Tanto quanto é importante agradecer, é muito importante saber agradecer.

Agradeça por tudo e por todos, em separado, individual e exclusivamente.

Agradeça de forma específica e não genérica.

Agradeça por tudo o que você é, por tudo o que você tem, por tudo o que você pode e por tudo o que você faz, independentemente de você considerar que não tem aquilo que deseja ou que não tem uma boa vida. Se você conseguir agradecer pela sua situação ou estado atual, já estará dando um primeiro e importante passo.

Se é fácil ou não, se sentir grato por suas condições, enquanto você vê outras pessoas em aparente e suposta condição melhor, é uma outra questão a ser analisada.

Se não for fácil, esforce-se.

Se for fácil, agradeça por isso também.

Não importa se você não tem tudo o que precisa ou não tem tudo o que gostaria. Não importa se você não é o que gostaria de ser ou não conseguiu o que gostaria de conseguir. O importante é você agradecer pelo que você tem e pelo que você ainda não tem, mas que quer ter ou pelo que você ainda não é, mas que quer ser.

É muito importante agradecer por tudo, inclusive aquilo que você ainda quer ser ou ter, mesmo que ainda não seja ou não tenha.

Ainda que a sua vida não seja em alguns certos aspectos do jeito que você gostaria, mesmo assim, você deve agradecer, considerando obviamente, toda a sua condição.

A verdade é que, quando você agradece, uma atmosfera de harmonia envolve a sua existência ou torna harmônica a situação ou a pessoa para a qual você está agradecendo. Quando você agradece a situação ou pessoa para a qual você está agradecendo se torna sua amiga e, por isso, se harmoniza com você.

Quando você agradece, forma-se uma relação de harmonia, de igualdade, de vínculo, de paridade, de equilíbrio, uma combinação, uma amizade, entre você e a situação ou pessoa para a qual a gratidão está sendo dirigida.

Vamos ilustrar isso usando o exemplo de um "bandido", um malfeitor.

Perceba que um bandido não ataca sua família, seus amigos e agregados. Ele é um bandido para os outros, não com quem ele tem vínculo ou harmonia, ou seja, ele não é um bandido com seus amigos e parentes queridos.

Assim, quando você quiser se harmonizar com algo ou alguém, ainda que seja algo ou alguém desagradável, você pode e deve utilizar a gratidão para se harmonizar com essas coisas ou pessoas.

Simples assim, você agradece e a coisa ou pessoa se torna sua amiga.

Talvez você não saiba, mas eu sou motociclista. Eu piloto motocicletas desde os meus dezoito anos, e sempre quando eu chego ou quando eu saio, eu agradeço à minha motocicleta. Eu converso com ela, digo o quanto gosto dela e agradeço a ela, como se ela pudesse me ouvir e, na verdade, eu sei que ela pode, não com os ouvidos que ela não tem, mas energeticamente.

Eu sei e acredito que é pela minha gratidão e por manifestar essa gratidão é que eu continuo por aqui, são e salvo, feliz e saudável.

No mesmo sentido, também agradeço a outros elementos.

Eu agradeço, por exemplo, aos vírus, às bactérias e a todos os parasitas.

O raciocínio é muito simples, se eu agradeço, eles se tornam meus amigos e, como meus amigos, ainda que sejam "bandidos" e acessem meu corpo, eles não me fazem mal.

Agora mesmo, enquanto reviso este livro, estamos em 2021, passando pela "pandemia" do coronavírus e a primeira coisa que eu fiz quando essa situação começou, foi agradecer ao vírus da Covid-19. Eu sabia que agradecendo, ele seria meu amigo e portanto não me atacaria ou seu ataque seria mais brando.

Devo dizer que peguei o coronavírus, fiquei bem mal, com muitas dores por todo o corpo e especialmente nas pernas, me tratei apenas com ivermectina e repouso e como você pode ver, sobrevivi. Devo dizer também que, a despeito de todas as pressões, eu ainda não tomei nenhuma vacina contra esse vírus, não pretendo tomar e, como você pode notar, ainda estou vivo.

Sobre as ameaças, devo dizer que faço isso sempre, com tudo o que me pareça uma ameaça. Se for uma ameaça eu agradeço a ela especificamente e então ela se torna minha amiga, deixa de ser uma ameaça contundente e, portanto, não me ataca ou não me afeta.

Eu sei que você talvez possa pensar que há amigos que traem. Isso também pode ser verdade, mas não para mim, como você já deveria saber, eu controlo as situações e os acontecimentos através das palavras faladas positivamente.

Como eu tenho dito, o mundo é feito de energia e eu utilizo outras frases de gratidão que preenchem essa lacuna e evitam esse dissabor, como por exemplo:

— Obrigado por somente pessoas boas se aproximarem de mim.

— Obrigado, felicidade.

Com essas e outras frases, faladas em voz alta, eu me previno e me protejo por todos os lados e aspectos.

Parece bobo, não é?

Confie e experimente fazer o mesmo, um dia você me conta.

Enfim, espero que a questão da gratidão tenha ficado bem clara e que você tenha entendido que precisa agradecer, para o seu próprio bem, independentemente de qualquer outra consideração de sua parte.

Tenho visto casos de filhos que foram abandonados ou maltratados pela mãe ou pelo pai e que por isso não conseguem ser gratos a eles.

É preciso entender que, quando você agradece, na privacidade da sua intimidade, quero dizer, mesmo sem ninguém ouvir ou saber e essa gratidão é direcionada para alguma pessoa desafeta, você está fazendo um bem para você mesmo e não para a pessoa.

Ser grato faz de você uma pessoa melhor, com resultados melhores, para você mesmo e não para os outros.

É parecido com o que dizem sobre o perdão. Perdoar faz bem para você, não para o outro.

Eu tento fazer as pessoas entenderem esse efeito, mais que entenderem, aceitarem, mas confesso que tem sido um pouco difícil, veja o porquê:

Em primeiro lugar, porque elas não estão acostumadas a serem gratas ou pior ainda, porque muitas dessas pessoas são ingratas.

Em segundo lugar porque elas têm dificuldade de entender como é que elas poderiam agradecer por coisas ou pessoas que elas ainda não tem, não são ou não gostam.

Há pessoas que acham que manifestar educação, dizer obrigado quando alguém faz alguma coisa, é demonstração de gratidão.

Não, não é disso que estamos falando, ser educado não é ser agradecido.

Ser grato é um posicionamento íntimo, de manifestação interior, de reconhecimento por todas as suas condições, mesmo que elas não sejam, segundo sua ótica, ideais.

A gratidão pode começar em pontos básicos da vida, como a respiração por exemplo.

Você já agradeceu por respirar?

Agora observe onde você está respirando. No seu país, na sua cidade, na sua casa?

É o caso então de agradecer também por seu lugar e por sua casa.

É muito importante você agradecer por tudo o que você tem, por tudo o que pode e por tudo o que é, mas é muito importante também agradecer pelo que você quer ter e quer ser ou pelo que quer poder, conseguir e conquistar.

É muito comum que uma pessoa que "não é rica", não conseguir dizer "obrigada por eu ser rica". Ela entende que não pode agradecer por uma coisa que ela acredita que não é.

Isso é um engano, um enorme engano.

Primeiro porque o conceito de riqueza é relativo.

O que seria riqueza?

O que seria ser rica?

Quanto alguém precisa ter para ser considerado rico?

Cem mil, um milhão, dez milhões, cem milhões, um bilhão?

Se você pensar bem, independentemente de quanto dinheiro você tenha, você pode se considerar uma pessoa rica. Não é só pela quantidade de dinheiro, mas também por todas as variáveis envolvidas.

Apenas a quantidade de dinheiro não é sinal de riqueza e não ter dinheiro, da mesma forma, não significa pobreza. Provavelmente você já poderia se considerar uma pessoa rica, mas não se deu conta de sua riqueza, ainda.

Uma pessoa que tem muito dinheiro, mas não tem saúde, é rica?

Seria rica uma pessoa que tem dinheiro, mas não se sente feliz?

Quando você agradece pelo que você já tem ou pelo que você já é, você reforça seu bom posicionamento em relação à sua vida.

Entretanto, quando você agradece pelo que ainda não tem, você emite um comando que reforça o desejo, a necessidade e a possibilidade de ter e começa a configurar a situação, formatando o que você deseja ter.

Nesse sentido, imagino que agora ficou mais fácil de você entender que é preciso agradecer até mesmo por aquilo que você não tem. Dessa forma, você poderá fazer esse exercício para tudo aquilo que quiser.

Uma pessoa que começa a agradecer, ou descobre que precisa começar a agradecer, perceberá que a lista é infindável.

"Obrigado, vida."

"Obrigado, saúde."

"Obrigado, felicidade."

"Obrigado, juventude."

"Obrigado aos meus pais"

"Obrigado por eu ter uma família."

Se você já tem uma família, suas palavras de agradecimento por ter uma família reforçarão o posicionamento de sua gratidão, harmonizando e fortalecendo a existência e a permanência dessa família.

Se você não tem uma família, mas diz "obrigado por eu ter uma família", você estará se harmonizando com aquelas pessoas que poderão fazer parte da sua futura família e também com os fatos que permitirão a formação dessa família.

Seu agradecimento vai demonstrar seu posicionamento de gratidão por já ter uma família ou por conseguir ter uma família no futuro.

Se você tem uma família, mas não é uma boa família, além de não reclamar, você ainda deverá agradece dizendo: "obrigado por eu ter uma boa família", mesmo ela não sendo.

Nesse caso, você, além de preservar a família, ainda vai transformá-la em uma boa família ou, se isso não for possível por algum motivo, você vai conseguir ter, de uma forma ou de outra, uma boa família no futuro.

Essas formas de agradecer e de manifestar gratidão servem para tudo.

Podem ser usadas com relação a um carro, por exemplo. Você pode dizer "obrigado por eu ter um carro". Se você já tem um carro, está sendo grato pelo carro que você tem. Se você não tem um carro, está providenciando a chegada de um.

Serve também se você tem um carro ruim e quer ter um carro bom. Dizer "obrigado por eu ter um bom carro", mesmo possuindo um carro ruim, significará gratidão por aquele carro presente e ainda vai permitir a chegada de um carro bom no futuro.

Considerando que tudo é existência energética, mesmo um carro ruim pode se transformar ou se apresentar como um carro bom.

Por falar em carro, quero lembrar que, em geral, as pessoas não agradecem ou não dizem "obrigado" diretamente ao próprio carro. O que estou dizendo é que as pessoas não falam com o carro, não agradecem ao próprio carro.

Claro, você questionaria: quem fala com carro?

Embora o carro não tenha ouvidos como os seres vivos, o carro "ouve" energeticamente, pois lembre-se que toda matéria é feita de energia, portanto tudo é feito de energia. Assim, a comunicação com o carro não funciona como a comunicação entre duas pessoas normais, é uma comunicação energética, ela acontece no plano energético.

Eu disse no começo do livro que, para entender o mundo energético, você precisa "abrir sua cabeça". Eu, você, o carro, a casa, a mesa, o asfalto, os outros carros, as outras pessoas e tudo o que existe, tudo é feito de energia, tudo o que há no planeta e no universo é feito de energia.

Portanto, ao "falar" com o carro e agradecer ao próprio carro, você estará se harmonizando com o carro, energeticamente.

Eu te garanto, o carro vai te "ouvir" e se harmonizar com você, energeticamente.

Vou ter que repetir essa parte da harmonização.

Como você sabe, um criminoso qualquer, em geral, não "ataca" seus pais, seus parentes, seus amigos, seus companheiros, enquanto estiver harmonizado com eles, ou seja, não ataca enquanto seu relacionamento estiver indo bem. Esses criminosos não roubam nem machucam seus familiares e amigos, que são aqueles aos quais eles estão ligados e harmonizados, portanto esses parentes e amigos não são afetados por esses criminosos, ao contrário, são ajudados e protegidos por eles.

Da mesma forma funcionam as ligações energéticas.

Isso significa que a harmonia propicia uma situação de conformidade, de sucesso, de bem-estar entre as situações e as pessoas que estão se harmonizando ou estão harmonizadas.

Quando você agradece, acontece o fenômeno da harmonização, ou seja, a gratidão faz você se aproximar e se relacionar bem com a situação ou com a pessoa, independentemente de ela ser "boa" ou "ruim".

No plano energético, não há diferença entre coisa ou pessoa, simplesmente porque tudo é feito da mesma substância, ou seja, tudo é feito de átomo, portanto tudo é feito de energia.

Sei que é difícil de entender e de aceitar, mas se você conseguir entender e aceitar, sua vida vai mudar radicalmente.

Vamos usar outro exemplo.

Todos sabem o que é uma bactéria, o próprio nome bactéria nos remete a uma coisa ruim, embora existam bactérias boas. Em função de você saber que o poder se manifesta por meio das palavras faladas, se você começar a dizer "obrigado, bactérias" ou "obrigado a todas as bactérias", o que vai acontecer é que você se harmonizará com as bactérias. Elas se harmonizarão com você e passarão a ser (energeticamente) suas amigas, fazendo com que aquelas que são ruins não te ataquem, ao passo que aquelas que já eram boas continuarão sendo boas e amigas.

A mesma coisa vai acontecer se você agradecer aos vírus e a todas as pessoas. Eu, por exemplo, costumo dizer "obrigado por somente pessoas boas se aproximarem de mim" e funciona bem. Eu também costumo dizer "obrigado, ajuda" e "obrigado por eu ser ajudado" e funciona também.

Agradeça às coisas e às pessoas com as quais você deseja se harmonizar e veja o resultado. Não custa nada. Faça. Pode fazer. Vai dar certo.

Experimente, depois você me conta.

Acho que você percebeu que a maneira de fazer e praticar a gratidão ou o jeito de agradecer é falando em voz alta.

Devemos fazer assim porque o poder que você tem vem de Deus, se instala na Mente e se manifesta através das palavras.

Você precisa falar em voz alta para fazer esse poder se manifestar, se realizar.

Essa é a forma de retirar ou operar o poder, falando em voz alta aquilo que você quer ou deseja, sempre incluindo a gratidão, ou seja, inserindo a palavra "obrigado" ou "obrigada" dentro da frase que você quer expressar.

Coisas incríveis acontecem quando você começa a agradecer em voz alta.

Eu sei que ficaria mais fácil de entender se eu pedisse para você se harmonizar com uma pessoa, em vez de pedir para você se harmonizar com uma coisa.

Você chegaria para outra pessoa e diria a ela o quanto você gosta dela, o quanto você é agradecida a ela, e então um clima de harmonia iria começar a fluir entre vocês.

Contudo, imagine-se em uma situação hipotética, como em um sonho, em que você se vê, de repente, no meio de um conflito de rua, na Indonésia, em uma situação em que você quer dizer que é uma pessoa de paz e não está ali para brigar, nem machucar ninguém, só que você não fala aquele idioma.

Eu imagino que você concordaria comigo que é bem difícil se harmonizar com alguém quando não se fala nenhuma palavra de um idioma bem diferente do seu. Você teria que tentar se comunicar e demonstrar suas intenções, talvez com o seu olhar, com sua expressão facial e com gestos, de forma que aquelas pessoas teriam que interpretar e captar suas intenções e, de alguma forma, captar sua energia, sua vontade.

Assim como um olhar ou uma expressão facial pode ser captada sem se expressar nenhuma palavra, existem várias situações em que captamos a energia de uma coisa, de um lugar ou de uma pessoa pelas vibrações energéticas que ela emana, mesmo que não haja uma comunicação verbal muito clara. Assim acontece também com as suas manifestações energéticas pessoais, que podem ser captadas de acordo com a vibração e a frequência pelas quais são emanadas, é mais ou menos como acontece em nossos relacionamentos com os animais de estimação, a gente não pode se comunicar verbalmente, mas ambos sabemos e transmitimos o que sentimos.

Dessa forma, se você usar a palavra falada, que é a principal forma de manifestação do poder e, assim, "falar" com seu carro, por exemplo, ele, sendo energia, vai captar a sua mensagem, em forma de energia vinda por meio das palavras que você disse.

Nesse caso, a sua gratidão, manifestada em palavras, traduzida em energia, é que vai te harmonizar com o seu carro ou com qualquer outro carro, em qualquer situação.

Isso significa que, se você disser obrigado ao carro, diretamente, em voz alta, como se falasse com ele, agradecendo a ele pelo serviço que ele te presta, você vai produzir uma harmonia energética entre você e o carro.

Sua energia vai se comunicar com a dele e ele vai passar a ajudá-lo ou beneficiá-lo por causa disso, como se ele tivesse uma consciência da ligação entre vocês e, por isso, teria a "obrigação" de colaborar.

O carro se torna um verdadeiro amigo e amigos verdadeiros sempre ajudam.

Por exemplo, se você for viajar de carro, além de agradecer por fazer uma boa viagem, além de ser grato ao seu carro, diga para ele:

— Obrigado, carro, por me levar bem e me trazer de volta bem nessa viagem.

Sabe o que vai acontecer?

O carro irá bem e voltará bem, sem surpresas. O carro vai funcionar bem, mesmo que o desgaste de alguma peça que você sequer imagina que precisasse ser trocada fosse quebrar durante a viagem.

O carro todo, incluindo todas as peças, vai aguentar até você voltar e, se ela realmente tiver que quebrar, isso vai acontecer perto da sua casa ou de outro local que te favoreça.

Não acredita? Experimenta, você vai se surpreender.

Imaginando que você possa não acreditar nisso tudo, quero te lembrar que eu não estou te pedindo nenhum dinheiro e nenhum outro favor pessoal pelas informações, então apenas confie, experimente e espere os resultados.

O fato de você fazer uma boa viagem, de você ir e voltar bem vai acontecer porque você trabalhará no plano das energias e formatará antes o que você quer que aconteça no futuro, pelo que já está agradecendo e assim configurando, energeticamente.

Seu posicionamento mental aliado ao SOU, ao qual você tem acesso, providenciará que seu comando se torne um fato concreto, porque isso é perfeitamente possível de acontecer e também porque você, além de agradecer, acreditará no resultado, no caso, que vai fazer uma boa viagem, que tudo vai dar certo na sua viagem, por você ter gratidão a todos e a tudo o que está envolvido em sua vida e ao seu redor e vai usar a ferramenta do poder correta, que é a manifestação verbal positiva com gratidão e humildade.

Ainda no contexto da viagem, se você agradecer à estrada, dizendo "obrigado, estrada", se você for grato a todos os outros veículos e a todos os motoristas, dizendo "obrigado a todos os motoristas", a gratidão envolvida atuará energeticamente e, como um comando, providenciará o seu sucesso em todas essas áreas e para todas as coisas ou situações para as quais você agradecer em voz alta.

Pode acreditar, funciona.

Paralelamente, não reclamar é a outra face positiva do processo.

A reclamação age de forma inversa e atua ao contrário da gratidão. Isso significa que, se você reclamar, você estará agindo no sentido contrário.

Reclamar do carro, reclamar do trânsito, reclamar do tempo e de qualquer outra coisa vai te atrapalhar energeticamente e vai deixar transparecer sua ingratidão.

Você aparecerá ou se apresentará como uma pessoa ingrata, o SOU captará sua energia negativa de ingratidão e te dará aquilo que você está manifestando, verbalmente, no caso, justamente aquilo que você não quer.

Isso não significa que você vai ser prejudicado ou punido, simplesmente o reconhecimento energético da sua manifestação, no caso, negativa, é que vai ditar os rumos e proporcionar as situações que você está atraindo, a partir do que está emanando, através de suas emoções.

Ao longo da minha atividade empresarial, eu tive vários empregados, mas quero chamar a atenção para dois deles, Fabinho e Moisés.

Ambos trabalharam comigo mais de dez anos, o Fábio como motorista de caminhão de mudanças e o Moisés como zelador daquele enorme terreno.

Fábio e Moisés, assim como vários outros funcionários, cumprindo uma agenda cultural equivocada, na época de seus respectivos desligamentos, entraram com processos trabalhistas, alegando direitos que não tinham e, a despeito disso, acordos foram feitos e ambos receberam as quantias relativas aos acordos judiciais.

O motivo de eu narrar essas duas situações é para dizer que, nunca, em momento algum, eu tive qualquer ressentimento em relação a eles, nem em relação aos outros, mas para esses dois eu paguei as quantias reclamadas, com satisfação, porque eu sempre reconheci a importância deles nas atividades da empresa, na minha vida e no meu sucesso, portanto meu principal e maior sentimento em relação a eles sempre foi e é de gratidão.

O Fabinho continua meu amigo e seguiu seu rumo como caminhoneiro, enquanto que o Moisés voltou a cuidar da parte do terreno que restou e trabalha comigo até hoje.

Com isso, quero dizer que devemos nos concentrar em sermos gratos pelo que recebemos antes e não focar em ressentimentos pelo que nos fizeram depois. Esse posicionamento de nos lembrarmos de sermos gratos é para o nosso próprio bem e deve ser uma constante em nossos relacionamentos, pois, como você já sabe, a gratidão é o atributo principal básico da efetivação da Energia do Poder e da boa manutenção dos acontecimentos.

A propósito, olhe para a sua mão, ela tem feito coisas muito importantes para você durante toda a sua vida.

Agora pense, quantas vezes você já agradeceu à sua mão?

A mesma gratidão ou ingratidão serve para os pés, as pernas e todas as outras partes e órgãos do corpo.

Eu tenho certeza que é o caso de agradecer a todas as partes do corpo individualmente, uma por uma.

Este livro está recheado de dizeres e tentativas de convencimento mas, a bem da verdade, por mais que se tente explicar, a gente acaba descobrindo que, para a maioria das pessoas que acredita, qualquer explicação é válida e, noutro sentido, para aquelas que não acreditam, nenhuma explicação é válida.

Espero que você pertença ao grupo dos que acreditam.

A seguir, como medida ilustrativa, eu apresento as frases que eu uso para agradecer e a forma como eu costumeiramente uso pronunciar.

Eu tenho o hábito de direcionar, por uma questão de respeito e prioridade, a primeira frase de gratidão ao nosso Criador, e falo primeiramente em voz alta:

"Obrigado, Deus pai todo poderoso, criador do Céu e da Terra, fonte de energia, poder e sabedoria, muito obrigado."

"Ao Deus pai todo poderoso, criador do Céu e da Terra, fonte de energia, poder e sabedoria, meu profundo respeito e minha enorme gratidão, muito obrigado.".

A frase acima é sempre a primeira que eu falo, pois mesmo eu não sendo um religioso, eu entendo que Deus é o Criador de tudo, portanto minha primeira gratidão tem que ser para Ele, pois todo o resto vem depois de Deus. A seguir, eu continuo, em geral, nessa ordem:

"Obrigado, Vida, obrigado minha vida."

"Obrigado, Saúde, obrigado minha saúde."

"Obrigado, Felicidade, obrigado por eu ser feliz, obrigado por eu me manter feliz, obrigado por eu permanecer feliz."

"Obrigado, Dinheiro, obrigado por eu ter dinheiro, obrigado por eu ter cada vez mais dinheiro."

"Obrigado, Riqueza, obrigado por eu ser rico, obrigado por eu ficar cada vez mais rico."

"Obrigado, Juventude, obrigado por eu ser jovem, obrigado por eu permanecer jovem, obrigado por eu parecer jovem."

"Obrigado. Liberdade, obrigado por eu ser livre, obrigado por eu me manter livre."

"Obrigado, Ajuda, obrigado por eu ser ajudado, obrigado por eu ser sempre ajudado."

"Obrigado, Sucesso, obrigado por eu ser sempre bem-sucedido nos assuntos em que me envolvo."

"Obrigado ao meu corpo, obrigado por eu ter um bom corpo, obrigado por todos os órgãos do meu corpo funcionarem bem.".

Também agradeço aos próprios órgãos individualmente, conforme vou lembrando deles:

"Obrigado ao meu coração, por funcionar bem."

"Obrigado ao meu fígado, por funcionar bem."

"Obrigado ao meu cérebro, por funcionar bem.".

E assim por diante, também agradeço:

"Obrigado às minhas células, obrigado por todas as minhas células funcionarem bem."

"Obrigado, vírus, bactérias e a todos os parasitas.".

Quando estou na rua, além de agradecer ao carro ou à moto, eu também agradeço:

"Obrigado, motoristas que vão à frente, obrigado, motoristas quem vêm atrás, obrigado a todos os motoristas."

"Obrigado, ruas, avenidas, estradas, obrigado a todos os caminhos."

"Obrigado a todas as polícias, obrigado, polícia militar, obrigado, polícia civil, obrigado, polícia federal, obrigado, guarda civil metropolitana."

"Obrigado, pedestres, obrigado a todas as pessoas".

As frases acima eu adotei e uso sempre, porque são as mais importantes no meu modo de ver.

Todavia, conforme a situação pede, eu também vou agradecendo por aquilo que eu quero ou preciso no momento, no dia ou em uma situação específica.

Esses foram modelos de sugestões de frase, porque imagino que as pessoas tenham curiosidade de saber a forma como eu costumo fazer.

Entretanto, não obstante essa seja a minha forma de falar e de agradecer, cada um pode adotar a forma de sua preferência, lembrando apenas que a construção deve ser de frases positivas, faladas em voz alta, que indiquem e demonstrem que tem gratidão por aquilo que se está agradecendo, de forma profunda e autêntica.

Em síntese, é manifestar e transmitir sua essência interior para o exterior, para que fique registrado nos arquivos energéticos e para que seu conteúdo produza os efeitos do seu comando para aquilo que você deseja e espera, dizendo desde já, claramente, que tem gratidão por aquilo.

Gratidão é a palavra de ordem.

Gratidão é o sentimento mais valioso.

Gratidão é a manifestação mais importante.

Gratidão é essência da formação e da transformação.

CAPÍTULO 31

VOLTANDO À MINHA HISTÓRIA

Em 2008, decidi encerrar as atividades da empresa de mudanças, vendi o último caminhão e cancelei o número telefônico, que era o principal meio de ligação entre a empresa e os clientes. Nosso galpão continuou sendo utilizado como depósito e foi alugado por uma empresa de leilões, que utilizava nosso pátio para guardar veículos.

Com isso, no fim de 2009, aos 50 anos, idealizei uma viagem de intercâmbio aos Estados Unidos com o propósito de aprender inglês e conhecer o país e a cultura norte-americana. Aproveitando essa oportunidade e considerando que tudo ia ser totalmente novo para mim, resolvi testar a Teoria da Energia do Poder nessa viagem.

Eu usei todos os artifícios e orientações que estou trazendo neste livro para mim mesmo, para a realização dessa viagem. Minha intenção era testar, pôr à prova e confirmar se a Energia do Poder realmente funcionaria e se ela poderia ser aplicada naquela viagem, como eu já imaginava e previa.

Programei então toda a minha viagem mentalmente, utilizando as ferramentas aqui mencionadas. Agradeci em voz alta por tudo dar certo na minha viagem aos Estados Unidos. Tendo em vista que a quantidade de dinheiro que eu levaria era bem pequena, cerca de cinco mil dólares, eu agradeci, inclusive antes, por eu comprar um bom carro, pois eu sabia que iria precisar de um bom veículo, pois iria viajar mais de nove mil quilômetros, já que eu iria sair de Seattle, na costa oeste, em direção a Miami, na costa leste, passando antes por São Francisco, na Califórnia, Las Vegas, em Nevada e atravessando o deserto de Mojave, em direção a Miami, na Flórida.

Pois bem, no fim de abril de 2010, aos cinquenta anos, parti sozinho para os Estados Unidos. Meu primeiro destino foi a cidade de Seattle, onde fiquei por um mês. Fui recebido por uma ótima família, numa ótima casa.

Você sabe, poderia ter sido ruim, mas não foi.

Uma semana depois de chegar, falando quase nada de inglês, fui sozinho a uma loja de carros, cujo *site* eu já havia visitado quando ainda estava no Brasil. Lá chegando, com notável dificuldade linguística, já que eu mal falava inglês, mas naquele mesmo dia, eu comprei o primeiro carro que o vendedor me apresentou e que estava dentro das características que eu precisava. Era um Saturn LS, azul escuro, ano 1997, completo, com câmbio manual e piloto automático, único dono, com 180 mil milhas rodadas, ou seja, mais de 288 mil quilômetros rodados, pelo qual paguei 2.500 dólares, mais as taxas e o seguro, o que totalizou 3.000 dólares.

Passado o período de um mês em que frequentei uma escola para aprender o idioma, me despedi da família e fui de Seattle, com meu novo carro, para o meu novo destino, para mais um mês de curso. Rodei cerca de mil milhas, algo em torno de mil e seiscentos quilômetros, até chegar a São Francisco, na Califórnia. A viagem foi tranquila e deu tudo certo, considerando ainda que eu dormia no carro, na rua.

Ao chegar, em San Francisco, constatei que minha nova casa era boa e a família também.

Ao final de mais de um mês de curso, minha esposa veio do Brasil para me encontrar. Fui buscá-la no aeroporto e a levei para a casa em que eu estava. Minha anfitriã, uma chinesa naturalizada, permitiu que ela também ficasse na casa sem me cobrar nada, talvez porque eu fiz alguns serviços de pedreiro na casa dela.

Levei minha esposa para conhecer toda a cidade de San Francisco, ela ficou maravilhada. Dias depois, iniciamos a mais longa viagem de carro que jamais tínhamos feito ou pensado em fazer.

Saímos da costa Oeste, com direção à costa Leste dos Estados Unidos, ou seja, fomos de San Francisco, na Califórnia, para Miami, na Flórida.

Nosso primeiro destino importante foi Las Vegas. Ficamos lá por cinco dias e continuamos o roteiro, sempre com o nosso velho e excelente Saturn 1997, equipados com um GPS e um detector de radar de limite de velocidade.

Atravessamos o deserto de Mojave, passamos pela Rota 66 e por vários estados, como Arizona, Novo México, Texas, Oklahoma, Arkansas, Mississipi, Alabama e Geórgia, até chegarmos a Miami, na Florida. Era o mês de julho e, por ser verão, encontramos temperaturas de mais de 50 graus célsius no deserto, o que era a minha preocupação no deserto — você sabe, os motores às vezes esquentam muito —, mas o carro rodou muito bem e deu tudo certo em toda a nossa viagem em todos os aspectos.

Foram quinze dias de viagem, a maioria das noites dormíamos no carro em postos de gasolina ou estacionamentos de algum grande mercado. Ainda assim, sempre deu tudo certo.

A finalidade dessa narrativa é que, com essa viagem, surgiu a motivação para eu querer escrever este livro, pois foi a experiência que eu precisava para confirmar que eu estava certo sobre o uso das ferramentas da Energia do Poder, o que eu acabei confirmando. Estou narrando isso também porque eu projetei a viagem energeticamente, a partir do Brasil, antes de eu ir e tudo ocorreu como eu programei.

Talvez você pense que não tem nada demais em fazer uma viagem em que dá tudo certo, pois muitas pessoas fazem viagens em que dá tudo certo. Eu concordo, mas a questão não é apenas ou simplesmente "dar tudo certo".

Trata-se de que, por meio do controle e da manutenção da Energia do Poder, minha plataforma de teste foi eficiente para comprovar que a programação por mim defendida e experimentada, foi acertada, ou seja, que a gente pode ter o controle das situações.

Por outro lado, como se sabe, há muitas situações em que as viagens das pessoas não dão tão certo, mesmo com todos os cuidados que elas têm com a programação e os imprevistos acabam acontecendo.

No meu caso, sem conhecimento do país, o fato de eu ter ido sozinho, sem conhecer ninguém e sem saber falar a língua, morar com pessoas desconhecidas, comprar o primeiro carro que vi, sem consultar ninguém, viajar com esse carro por estradas desconhecidas, dormir dentro do carro em lugares inóspitos, sem nenhum critério de segurança, sem dúvida, comprovou minha teoria.

Acho que você concorda que eu arrisquei bastante.

Ao todo, minha viagem durou três meses e rodamos mais de nove mil quilômetros e deu tudo certo.

Chegando a Miami, com certa folga financeira, nos hospedamos em um hotel com piscina, vendi o carro por mil e duzentos dólares e, no mês de agosto, estávamos de volta ao Brasil.

Dizendo assim, talvez pareça não fazer muito sentido, ou talvez eu não consiga transmitir a importância e a emoção que estão ligadas à experiência dessa viagem, mas para mim, na forma como eu propus e o fato de eu poder perceber o resultado prático dessa investida, foi muito significativo e motivou o início deste livro, que, como você pode ter percebido, demorou mais de dez anos para ser completado e, em todo esse período, desde a viagem em 2010, eu venho compilando, elaborando e testando na prática essa teoria, que tem se confirmado dia após dia.

Quero dar meu testemunho de que essa teoria funciona, a meu ver, perfeitamente.

Não obstante, se alguma situação não é perfeita em algum sentido, momento ou detalhe, para mim ou para você, durante a vida, mesmo após conhecer e aplicar a Energia do Poder, é porque nós somos seres imperfeitos, somos humanos, com falhas, manias, recalques, traumas, vícios, medos e sentimentos, que muitas vezes não podem ser controlados ou porque por não conseguirmos controlar, acabam nos atrapalhando.

Outro fator a considerar é a espiritualidade. Se nós tivemos outras vidas, e eu acredito realmente que tivemos, algumas consequências nós devemos ter acumulado, energeticamente e no plano espiritual. Nesse caso, estaríamos de novo sujeitos a situações que não podemos controlar, como nosso último nascimento, por exemplo, que pode ter sido conduzido, quem sabe, de maneira irresponsável por nós mesmos. Só o próprio Criador e sua misteriosa grandeza poderiam, quem sabe, nos dar as respostas relativas aos resultados e às consequências dessas experiências existenciais.

De qualquer forma, mesmo com todos os nossos vícios e defeitos, aplicando a fórmula e a teoria da Energia do Poder, você vai comprovar brilhantes ganhos, sucessos e acertos, muito melhores e gratificantes do que a ausência da aplicação prática dessa teoria.

Claro que muitos desses ganhos não são facilmente percebidos porque, como você sabe, ninguém faz um boletim de ocorrência do assalto do qual escapou, assim como ninguém vai ao médico tratar das doenças que não tem, enfim, ninguém sabe dos prejuízos que não conheceu e das perdas que não assimilou.

O que eu sei e posso dizer é que, em 2022, eu conto com sessenta e dois anos de idade. Tenho boa saúde, boa renda, boa vida, boa residência, me sinto bem e sou bem atendido em todos os aspectos da vida.

A propósito, eu tenho uma proposta para mim mesmo, para a experiência e para a existência.

Minha proposta, meu desejo e minha intenção é viver pelo menos até os 125 anos. A proposta é viver pelo menos até o ano de 2085, com o relevante detalhe de que eu quero e exijo viver todos esses anos com plena saúde física e mental.

Para atingir esse objetivo eu terei que viver com tranquilidade e segurança, mais sessenta e quatro anos, com todos os tipos de sucessos e benefícios que eu quero e desejo ter.

Se eu conseguir atingir minha meta, passarei por situações nada agradáveis, como a privação de pessoas que me são muito caras, mas, mesmo assim, terei que me comprometer com a responsabilidade de aceitar isso.

Ao atingir a conclusão dessa proposta, estarei prestando um honroso tributo e uma humilde homenagem ao nosso Honorável Criador, fonte de energia, poder e sabedoria.

Para atingir essa meta, paralelamente, além de utilizar os benefícios energéticos, vou tratar também de colaborar com o cuidado da minha saúde, procurando ingerir as melhores substâncias conhecidas para a manutenção do meu corpo, cuidando da alimentação de forma muito especial.

Na minha ótica, o foco da alimentação deve estar direcionado para as células, portanto vou sempre tratar de suplementar minha dieta com oligoelementos e vitaminas.

O plano é aproveitar todo esse meu tempo futuro escrevendo e viajando, com total saúde física e mental, portanto, imaginando que tenho algum conteúdo para transmitir, vou escrever e viajar.

É bom perceber que este meu primeiro livro vai carregado de entusiasmo pelas incríveis possibilidades que me aguardam.

Sou um sonhador sorridente e fico eufórico de poder sorrir e sonhar.

CAPÍTULO 32
CONTINUANDO MINHA HISTÓRIA

Depois que eu comprei o terreno, eu o desmembrei em duas partes e pus à venda a parte de cima, que contava com 10 mil metros quadrados.

Durante muitos anos tentamos vendê-la e ficar com a parte menor, que tinha cerca de 7 mil m².

Aquela parte maior era na verdade como um "elefante branco", era grande, bacana, bonita, interessante, mas ninguém queria comprar, porque não tinha um acesso. Não tinha uma rua ou caminho formado, ou seja, não tinha como acessar a parte de cima com nenhum veículo e para construir um acesso, custaria muito caro e ainda seria um acesso muito íngreme.

Nesse sentido, o alto custo de implantação de qualquer empreendimento ou investimento inviabilizava eventual interesse de qualquer comprador.

Anos antes, pela zona urbana em que se encontrava, o terreno combinava com qualquer atividade industrial ou comercial, inclusive com Posto de Gasolina. Todavia, no fim de 2011, uma lei municipal mudou o zoneamento urbano e o terreno passou a servir somente para construção de casas populares. Depois disso, eu me senti como se tivesse sido apunhalado nas costas, porque, dessa forma, eu imaginava que minhas chances de vender a área seriam ínfimas, o que, claro, parecia ser uma coisa ruim.

Entretanto, mais uma vez aconteceu.

Fomos procurados por uma empresa de telefonia que tinha a intenção de instalar uma nova torre de antena de celular no terreno, dessa vez foi a Oi.

Com a construção da torre de telefonia, acabamos conhecendo o engenheiro responsável pela obra, chamado Michel.

Atirado e conversador como sempre fui, ofereci a área para ele, pedindo-lhe que encontrasse um comprador. Fiz isso porque eu sempre tive o hábito de escancarar as portas das oportunidades e por ele ser um engenheiro de obras e ter uma construtora.

Naquele momento ele foi muito prestativo e se mostrou disposto a tentar.

Algum tempo depois ele veio com uma conversa de fazer um projeto de moradias populares e vender para um banco que financiaria a construção de apartamentos do tipo "Minha Casa Minha Vida", eu concordei com o projeto e ele deu andamento. Pouco tempo depois ele trouxe a notícia que um Banco federal estaria interessado em financiar o projeto.

O processo todo, até acabar, não seria fácil, como não foi, mas é interessante lembrar que desde que resolvemos vender a propriedade, sempre dissemos em voz alta, "obrigado por vendermos nosso terreno".

Foram dois anos de intensas negociações, várias visitas das pessoas envolvidas e muita ansiedade, até que a venda finalmente foi concretizada.

Estávamos em dezembro de 2012.

Foi quase inacreditável, incrível, surreal.

A venda daquele terreno, que foi comprado com o objetivo de abrigar a empresa de mudanças, acabou sendo feita para um Fundo de Arrendamento Residencial, administrado pela Caixa Econômica Federal, que aprovou e comprou o projeto para a construção de dez torres de apartamentos para um importante programa de construção de moradias populares do governo federal destinadas a pessoas carentes em área de risco.

Vendemos 16 dos 17 mil m^2 que tínhamos por um preço vinte e cinco vezes maior do que aquele pelo qual compramos quinze anos antes.

Naqueles mil metros que não vendemos, conservamos as antenas de telefonia celular e um caminho para chegar a cada uma delas.

Foi incrível a forma como deu certo.

Analise comigo.

Primeiro houve a compra do terreno em condições muito especiais; segundo, houve a instalação da primeira torre de celular, o que foi excelente e nos ajudou muitíssimo; depois veio a instalação daquela segunda antena, ocasião em que conhecemos o engenheiro, homem articulado e inteligente, que, por meio de seus contatos e influência, conseguiu a proeza quase impossível de aprovar um grande projeto de construção em um terreno tão íngreme e tão improvável.

Com a aprovação, ele conseguiu "vender" o projeto para a instituição financeira, que fez o contrato de venda e compra e pagou o valor estipulado. De posse daquela pequena fortuna, tratamos de reorganizar e redirecionar nossas vidas.

Ao ler uma história dessas, você pode pensar que se trata de pessoas privilegiadas, abençoadas ou sortudas. Eu, de minha parte, devo concordar que sempre achei que sou uma pessoa de sorte.

Você sabe, eu sou um otimista, mas toda a "sorte" que eu tive, eu atribuo à performance que eu adotei como filosofia de vida ou, em outras palavras, ao posicionamento mental, reforçado pelas atitudes adotadas em cada uma das situações pelas quais eu passei e que já foram narradas nestas mal traçadas linhas.

Por outro lado, vejo que não sou só eu que tenho "sorte". Ao observar o movimento das pessoas conhecidas e desconhecidas, percebo que existem muitas outras pessoas avançadas, bem posicionadas e bem-sucedidas.

Você poderá fazer sua pesquisa particular e com certeza vai descobrir que a grande maioria dessas pessoas tem a integridade pessoal e a gratidão como prática comum, aliada aos bons pensamentos, boas atitudes e boas intenções.

Eu não sou melhor do que ninguém, eu sou apenas mais um.

Considero apenas que encontrei um bom caminho para trilhar e que vale a pena compartilhar essa descoberta com as outras pessoas, para que elas possam perceber a importância e a grandeza do sistema energético no qual estamos inseridos.

Só para esclarecer, quero lembrar que eu estou falando daquele sistema no qual o poder vem de Deus, se instala na mente e se manifesta por meio das palavras faladas. Um sistema que eu pude comprovar que funciona de forma muito eficiente e de acordo com os princípios básicos das leis naturais.

CAPÍTULO 33
A NOVA FASE

Com a venda do terreno, no qual nós vivemos durante 15 anos, nós ficamos sem ter onde morar. Tínhamos dinheiro, mas não tínhamos mais casa e, claro, precisávamos morar em algum lugar, por isso compramos um pequeno apartamento na cidade de Santo André para morar provisoriamente, pois nossa intenção era a realização de um sonho antigo que tínhamos, que era o seguinte:

Minha esposa e eu, enquanto morávamos na casa de madeira, sempre conversávamos e imaginávamos morar em uma moradia que tivesse uma suíte máster com *closets*, banheiros individuais, banheira e outros luxos. O interessante é que sempre sonhamos com isso por anos, mesmo antes de vender o terreno, e não tínhamos nenhuma perspectiva de que esse sonho pudesse ser realizado.

Conversando no quarto da casa de madeira, a gente olhava e falava sobre como faríamos, tratando dos detalhes. Todavia, a casa de madeira não permitia modificações e, por isso, aquelas alusões pareciam apenas divagações pautadas no improvável.

Com a venda do terreno e com o dinheiro recebido, mudou-se de figura. Como já estávamos na faixa dos cinquenta anos, não quisemos comprar ou construir uma casa, preferimos um apartamento que pudesse atender às nossas expectativas. Após uma busca em todo o ABC e até na região de Alphaville, encontramos um bom apartamento, que estava sendo vendido na planta e que atendia perfeitamente aos nossos interesses, com quatro suítes, varanda gourmet, três vagas de garagem, na cidade de São Caetano do Sul.

Nós o compramos, pagamos e esperamos construir. Nesse ínterim, ou seja, entre a compra do apartamento e o término da construção, passaram-se trinta meses. Nesse período, fizemos algumas viagens dentro e fora do Brasil. Voltamos aos Estados Unidos e fomos para a Argentina e Caribe.

Assim que recebemos o apartamento, começamos a reformá-lo, para deixá-lo do jeito que a gente queria, dentro daquela ideia que tínhamos. Pegamos três das quatro suítes e transformamos em uma, a tal suíte máster que queríamos. Ela ficou enorme e linda, muito bem planejada e bem-acabada, também muito confortável, prática e agradável.

Nessa fase, eu já estava escrevendo este livro e sempre conversávamos muito sobre como o poder da mente e as ferramentas corretas funcionam realmente e de forma tão simples, mas que, por ser tão simples, a maioria das pessoas tem dificuldade em aceitar e aplicar.

Seja como for, eu estou fazendo o que está ao meu alcance para convencer e colaborar com você e com as outras pessoas. Estou dando meu testemunho, afirmativo e categórico de como a Energia do Poder e o SOU – Sistema Organizado Universal funcionam.

CAPÍTULO 34

A MORTE

Primeiramente você deve saber que a morte não existe. Ela é um estágio de passagem para a próxima vida.

O corpo morre, mas a energia do ser, não.

Morrer é como dormir e acordar. Durante o sono você "apaga" e só percebe que está vivo quando acorda pela manhã.

Quando você dorme e sonha, aquele sonho se parece com a realidade, a ponto de você não saber distinguir se é sonho ou realidade.

Com a morte vai ser a mesma coisa.

Você vai dormir e, sem perceber, já vai estar vivendo outra vida e, assim como no sonho, nem vai se lembrar do dia de ontem.

Sabemos que existem relatos de situações interessantes e controversas que tratam de pessoas em "quase morte" e que retornam desse evento, e que infelizmente não podem ser taxativamente comprovados. Todavia, da morte efetiva, não se pode escrever nada, já que ninguém, efetivamente morto, voltou para contar.

Dessa forma, não é possível produzir no momento, respostas para perguntas como "de onde viemos e para onde vamos", mas é possível imaginar e eu acredito mesmo que não há e nem poderia haver lógica na morte.

Se toda a natureza é cíclica e baseada na energia, como poderia a vida acabar?

Não consigo imaginar que todo o potencial que carregamos dentro de nós seja passível de morrer. Isso não seria próprio da natureza do Criador.

Ainda não é possível produzir respostas para todas as perguntas sobre a morte e esse método de interromper a vida, ao qual nós chamamos de morte, é mais uma das brilhantes soluções encontradas pelo Criador.

Imagine as pessoas não morrendo.

O mundo se tornaria um lugar caótico e tudo daria errado.

Se você puder perceber a misteriosa aventura que é a vida na Terra, você vai ver que Deus criou toda essa plataforma, repleta de diversidade em todos os sentidos e por tudo isso e muito mais é que a morte não existe.

Evidentemente, cada um recebe e processa as informações a partir de seu perfil pessoal, do seu próprio jeito, mas o que eu gostaria de registrar é que desde os primórdios, ou seja, desde quando os seres humanos mal sabiam se comunicar e numa época em que não havia nem política e nem religião, os genomas e todas as outras características naturais dos seres vivos, já estavam presentes na natureza.

Então, não é o que você ou eu pensamos hoje sobre o universo ou sobre a nossa existência que será uma verdade absoluta.

Os processos existenciais são muito mais complexos e importantes do que imaginamos e são muito mais interdependentes do que as manifestações sociais neste ou naquele sentido.

Tendo em vista o rumo que o mundo tomou e está tomando, acho que não é o caso de querermos interferir nesses diversos processos de desenvolvimento e evolução naturais.

Nossas posições políticas, sociais e científicas, nesse ou naquele sentido, nada vão alterar o plano macro do Criador para a vida.

Percebemos também que, ao longo da história humana, muitas e muitas pessoas, além de outros seres vivos, já "morreram", pois a "morte" é uma das fases da vida.

Então, você não precisa ter medo de morrer.

O medo de morrer não faz sentido.

No sentido amplo, os propósitos do Criador, pela própria natureza de sua criação, são extremamente louváveis e Ele sabe o que está fazendo.

É nisso que precisamos acreditar.

Entendendo isso no sentido amplo, não importa o que nós façamos ou o que queiramos fazer, o plano macro do Criador para a vida já está traçado.

O livre arbítrio dos seres causa essa forma relativamente indefinida de como esse plano macro deverá ser alcançado, o que faz com que a existência e a vida na Terra passe por certas dificuldades em determinados momentos da história.

Em estrito senso, temos que estar mais preparados para perceber que não somos tão importantes dentro dessa enorme complexidade existencial, sendo que a jornada de cada um acaba, às vezes subitamente, com a morte.

Por outro lado, temos o poder e a capacidade de alterar e transformar nossas próprias vidas, individualmente, o que vai gradativamente alterar e transformar também a vida dos outros, o que também pode finalmente alterar até os planos do Criador.

A única certeza que podemos ter é que tudo vai mudar.

Portanto, o que temos é isso, uma conformação de vários componentes que estruturam os indivíduos no contexto da natureza universal da existência.

Penso que é nisso que você deve se apegar no que você tem, nas suas possibilidades, nas suas certezas e até nas suas dúvidas, porque a resposta para todas as perguntas existe e está em algum lugar.

Não importa se você ainda não sabe a resposta, trabalhe com o que você tem, que é a sua Mente, sua inteligência, sua força e suas possibilidades.

Não se surpreenda se você descobrir, em algum momento, que a resposta está dentro de você.

Viva de forma tranquila e busque o aprimoramento em tudo, assim, seja qual for o objetivo do Criador, você terá feito o seu melhor.

CAPÍTULO 35

TEORIA GERAL DA ENERGIA DO PODER

O material que eu apresento neste livro, foi gerado e construído a partir de mim e se trata de um conteúdo que eu uso, aplico e vejo funcionar na minha própria vida.

De forma geral, todos os elementos da vida demonstram a grandeza, a força, a sabedoria, a consistência, a lógica, a beleza e todas as especiais condições nas quais a Terra foi concebida.

Temos que estar preparados para perceber que não somos tão importantes assim dentro dessa enorme complexidade existencial, mas por outro lado, devemos saber que temos o poder e a capacidade de alterar e transformar a nossa própria vida, o que vai gradativamente alterar e transformar também a vida dos outros.

Meu desejo e meu objetivo é que de alguma forma eu possa colaborar com você, com sua vida, com seu crescimento, com sua evolução e com sua felicidade.

Para facilitar a assimilação da Teoria da Energia do Poder, estabeleci a seguinte ordem e os seguintes tópicos, que serão assim apresentados:

1 – O poder vem de Deus, o Criador.
2 – O poder se constitui de energia.
3 – O poder se instala na mente.
4 – O poder se manifesta por meio das palavras.
5 – O poder se fortalece pela gratidão.
6 – O poder se intensifica com a confiança.
7 – O poder se orienta pelo bem.
8 – O poder se baseia no seu interior.

1 – O Poder vem de Deus

O primeiro ponto que você tem que saber é que existe um Deus, um Criador. Como é óbvio perceber, o Criador, ao criar, não tinha os materiais necessários disponíveis, como a terra, os oceanos, os seres vivos, ferramentas etc. Dessa forma, para criar, ele precisou usar o seu próprio poder, baseado em sua própria energia, para conceber a criação.

E assim fez, criou e concebeu energeticamente.

Por conseguinte, tudo o que existiu e ainda existe desde então, tem sua base na energia.

Portanto, tudo existe no plano energético, pois tudo se baseia nos átomos.

Esse Criador, essa força criadora, esse Ser, não precisaria ser necessariamente um. Ele talvez seja mais de um, talvez seja uma equipe, talvez uma organização. Não tem como saber ao certo, mas existe um Criador e isso é bem fácil de concluir.

Esse Criador também concebeu o SOU, um sistema autônomo, movido e baseado obviamente nas energias que permeiam e envolvem o planeta, segundo o qual se permite que tudo seja observado e registrado automaticamente.

Nesse sentido, portanto, não é o Criador que "tudo vê", é o SOU criado por ele que "tudo vê", energeticamente e, a par disso, exerce uma gestão energética automática. Essa expressão "tudo vê" não se baseia na visão, não é um "ver" com os olhos ou lentes, é um "ver" energético, ou seja, baseia-se nos conceitos e critérios energéticos.

Essa gestão ou esse "controle" não é a favor ou contra ninguém, ele apenas usa critérios energéticos, coletados a partir das variadas e inúmeras manifestações energéticas.

Para te ajudar no reconhecimento de como é possível existir um sistema como esse, energético que tudo vê, vou ilustrar com o exemplo de uma grande organização comercial, como um grande supermercado, que é um tipo de empresa que trabalha com uma quantidade enorme de fornecedores, centenas de pontos de venda, em vários países, cada um com milhares de itens à venda, com uma logística estratégica, milhares de empregados em vários turnos e ainda milhões de clientes.

A despeito de tudo isso e dentro das limitações humanas, essa empresa consegue controlar e fazer funcionar bem toda a operacionalidade de todo o conglomerado.

A diretoria ou a administração dessa organização comercial está sempre inaugurando uma nova loja em alguma parte do mundo, fato que os donos, praticamente nem ficam sabendo, a não ser por meio de relatórios.

Como é que eles conseguem controlar tudo?

Eles conseguem porque a experiência deles mostrou que era possível e assim eles se baseiam na capacidade deles de fazer e controlar, usando e abusando dos elementos, recursos e condições disponíveis.

Agora pense, se os supermercados, através de seus administradores, que já são parte da criação, conseguem fazer isso, imagine do que é capaz o próprio Criador!

2 - O poder se constitui de energia

O Criador, por sua vez, ao nos criar, concedeu-nos o que pouca gente sabe que tem, ou seja, o Poder. Ele nos concedeu o poder de ser, de fazer, de modificar, de transformar, de se defender e de fazer tudo por meio da energia.

A energia, como você já viu, constitui tudo. Portanto, quando você se manifesta, faz isso por meio da energia. Toda manifestação é energética.

A energia é um fenômeno que ninguém vê, mas que atua constantemente.

Tudo é energia. Tudo nasce e cresce a partir da energia.

Sabendo disso, fica fácil de entender que é a energia que cria tudo.

Podemos imaginar a inteligência e a competência do Criador quando vemos na frente dos nossos olhos, a formação e o crescimento de um novo ser, a partir de um óvulo e um espermatozoide que se transforma e evolui, com órgãos e sistemas complicadíssimos, que funcionam perfeitamente.

Da mesma forma, isso acontece com outros seres vivos que não têm a inteligência e o senso racional que nós temos, e mesmo assim, reproduzem-se e formam belíssimos exemplares.

A energia constitui tudo e portanto constitui também o poder.

3 - O poder se instala na mente

Já falamos em um capítulo anterior que é na mente que fica instalado o poder, por isso é que se fala tanto no "poder da Mente".

A Mente é a casa do poder, é a sua sede.

É a Mente que guarda e emana toda a energia do seu ser.

É na Mente que está toda a força e o poder vital para a continuidade das experiências.

É a Mente que atua, tanto ativa quanto passivamente, na questão do gerenciamento do poder.

Essa energia que emana esse poder, tem toda a força que você conseguir imprimir nela e saiba que se trata de uma energia tão forte e eficiente, tanto que, ao saber utilizá-la, uma pessoa nem precisará de armas convencionais e estratégias comuns de defesa para poder se defender de qualquer ataque.

Isso significa dizer que, se você aprende que tem poder e se você souber usá-lo, você vai verificar que não precisa de outras armas para se defender, até porque não vai chegar a ser atacado, ou seja, com seu poder, você vai promover a manutenção de sua vida, da sua segurança, da sua saúde e da sua integridade física, antes, a partir das técnicas de uso da Energia do Poder baseadas na força e no poder da sua Mente.

Nesse sentido, é interessante analisar que essa situação ou o fato de nem ser atacado poderia não ser entendido como uma defesa efetivamente, tendo em vista que você nem vai precisar se defender, porque essas situações de risco e ataque nem vão acontecer e essa é a verdadeira beleza do controle e da manutenção dos acontecimentos.

Você se defende antes, não permitindo a possibilidade de que seja atacado.

Já imaginou a situação de você nem precisar se defender porque nem vai ser atacado?

É muito melhor isso do que ser um exímio atirador ou um exímio lutador e ter que se defender de uma injusta ameaça.

Você prefere ter uma boa arma para se defender ou não precisar se defender com arma nenhuma, por nunca ser atacado?

Quando você usa a Energia do Poder para fazer uma programação e criar as situações do seu futuro, você vai se antecipar aos acontecimentos e fatos, controlando-os, por não querer que aconteçam.

Essa é uma forma diferente de encarar a vida e os acontecimentos que você precisa se acostumar a entender, ou seja, você vai agir de forma proativa, antecipando-se aos fatos que você nem quer que aconteça e provocando aqueles que você quer ver acontecer.

Experimente.

É uma sensação incrível de sentir.

4 – O poder se manifesta por meio das palavras

Uma vez alojada na Mente, essa energia, esse poder vai se manifestar, então é melhor que ele se manifeste com você no controle e no comando.

As manifestações e as emanações da Mente e do poder da Mente ocorrem sempre porque a Mente é um organismo vivo e dinâmico, que não para nunca e que foi feito para carregar e emanar energia.

A energia e a Mente já estão disponíveis em você, portanto o que falta, se faltar, é você aprender a conduzir e controlar essa energia, essa força, esse poder.

A principal manifestação de controle da energia da Mente ocorre por meio do uso da palavra falada, em voz alta. Todavia, certo cuidado também há que ser observado, tendo em vista que o poder da Mente também será propagado e emanado por meio das vibrações emocionais, pensamentos, sensações, intenções e sentimentos, de forma um pouco menos intensa, mas com significativa relevância.

Tendo em vista que o poder se manifesta principalmente por meio das palavras faladas em voz alta, tudo aquilo o que nós queremos, nós devemos falar e, ao contrário, nunca devemos falar sobre o que nós não queremos ou não desejamos, nem brincando.

No mesmo sentido, ao proferir as palavras, em qualquer frase ou em qualquer situação, use apenas palavras positivas, focadas também em atos, fatos e situações positivas, mesmo que você esteja vivendo um momento de grande descontração.

Você precisa entender que o poder da sua mente vai se manifestar sempre que você falar em voz alta.

Poxa, mas e quando eu estiver conversando?

Também.

Por isso é importante que em uma simples conversa você use apenas palavras positivas. Isso é fácil, basta você se vigiar e treinar.

Não obstante, se você pensar em algo negativo, quer dizer, se um pensamento negativo passar pela sua Mente, lembre-se de não comentar nem falar sobre isso. Tenha responsabilidade nessa questão.

Quando um pensamento negativo aparecer em sua Mente, você deve combatê-lo imediatamente, utilizando uma frase positiva em voz alta, no sentido contrário ao do pensamento negativo.

Em qualquer caso e agindo assim, ou seja, manifestando palavras positivas, você constrói o seu futuro positivamente.

As pessoas que usam palavras negativas também configuram o futuro, só que, desavisadas, acabam dando forma ao que elas não querem, mas falam.

Saber falar é uma arte e aprender a usar somente palavras positivas requer um pouco de treinamento. Assim vou listar aqui algumas palavras positivas que têm seus antônimos negativos indicados nos parênteses.

Lucro (prejuízo), levantar (cair), ganhar (perder), saúde (doença), sucesso (fracasso) etc.

Sabemos que existe todo um contexto social, tanto aqui quanto em todas as outras partes do mundo, que faz com que as pessoas tenham um "jeito" de falar e isso é totalmente compreensível.

Entretanto, cada costume que ampara esses jeitos particulares de falar nada tem a ver com o lado energético do mundo, ou seja, o jeito de falar não tem fundamento no mundo energético.

Se você aceitar que o mundo é todo energético, você deverá acostumar-se a mudar esse jeito costumeiro de falar, para usar palavras que possam sugerir as mudanças ou os acontecimentos que você quer. Portanto, para aqueles que se interessarem, seria importante construir as frases sempre com palavras positivas. Assim, em vez de dizer "não quero que o faturamento caia", manifeste essa sua preocupação dizendo "quero que o faturamento aumente ou quero que o faturamento cresça".

Use suas capacidades e acostume-se a ser criativo para construir suas novas frases.

Isso com certeza trará ótimos resultados.

5 – O poder se fortalece pela gratidão

Imagine uma situação em que o próprio Deus aparecesse na sua frente. O que é que você poderia oferecer a Ele, estando na Sua presença?

Esqueça qualquer bem material.

A única "coisa" que Deus espera que você ofereça a Ele e que você poderia oferecer seria a sua gratidão.

Não há outra coisa que Deus queira ou espere de você, além da sua gratidão.

Baseados na análise de tudo o que temos, tudo o que somos, tudo o que podemos e todas as nossas capacidades, o sentimento que devemos fazer surgir é a gratidão.

A rigor, ter gratidão ou manifestar gratidão, significa sermos agradecidos a tudo e a todos.

Considerando que você tem a capacidade de ouvir, ver, falar, sentir, pegar, andar, raciocinar e, a partir de tudo isso, em conjunto ou separado, viver e se manifestar, fica claro que a retribuição é o agradecimento, a gratidão.

A experiência mostra, que por algum ou por vários motivos, o Criador e o SOU não toleram a ingratidão.

Observe que as pessoas que reclamam ou que são ingratas são as que mais sofrem durante a vida e para as quais quase nada dá certo.

Nesse sentido, tendo em vista também a responsabilidade de sermos gratos, devemos incluir em nossas frases positivas a palavra "obrigado".

Esse é um "critério" que deve ser atendido se você quiser fazer com que as "ferramentas" e o Poder da Mente funcionem.

A palavra "obrigado", no contexto da frase que você fala, anuncia que você tem um posicionamento de gratidão específico e, à medida que você a usa em várias frases, vai demonstrar que sua gratidão também é genérica, ou seja, a tudo e a todos.

Assim, o poder será exercido da forma mais adequada, pois suas palavras, que são o modo como o poder é manifestado, serão reforçadas pelo sentimento de gratidão. Inclua "obrigado" na frase que você vai manifestar para aquilo que você quer. Inclua obrigado também naquelas que você vai manifestar gratidão pelo que você já tem. Inclua obrigado ainda nas frases que você vai expressar sua gratidão pelo que você faz e pelo que você pode.

As frases devem ser ditas sempre em voz alta, com a intenção de manifestar seu sentimento de gratidão por aquilo sobre o que você está falando.

Diga por exemplo:

— Obrigado, felicidade. Obrigado por eu ser feliz.

— Obrigado por eu mudar para um emprego melhor.

— Obrigado por eu ter cada vez mais dinheiro.

— Obrigado, Liberdade. Obrigado por eu ser livre.

— Obrigado por eu assimilar o conteúdo deste livro.

Use sempre frases positivas, com a palavra obrigado, pelo que você tem ou pelo que você quer ter, pelo que você faz ou pelo que você quer fazer.

A pessoa deve ter preferência por expressar essas frases, quando estiver sozinha, seja em casa, no carro, no elevador, etc.

Faça isso como uma rotina, como um exercício.

Perca algum tempo, de acordo com sua conveniência, interesse e comprometimento, para, dentro da sua privacidade, agradecer.

Todavia, não precisa parar de fazer o que você estiver fazendo para agradecer, dá para fazer ao mesmo tempo, como dirigir ou cozinhar e agradecer, sempre falando em voz alta.

6 – O poder se intensifica com a confiança

Tendo ficado clara a parte da gratidão, podemos abordar um outro aspecto do poder, que é a confiança. Eu uso a palavra confiança para não usar a palavra "fé", pois quando se fala em fé, as pessoas logo a vinculam a uma religião, e ter fé, acreditar ou confiar não está relacionado à fé religiosa.

Após agradecer, é importante confiar no resultado. Ao dizer as palavras, você precisa acreditar no resultado, confiar que vai atingir o objetivo ou a intenção pelas palavras faladas.

Assim como quando você atira uma pedra você tem a certeza de que ela vai cair logo adiante, porque acredita no resultado porque sabe como isso funciona, acreditar no resultado da aplicação de sua força energética é de suma importância também.

Você acredita que a pedra vai cair logo adiante, porque viu acontecer.

Tendo em vista que tudo é feito de energia, se você falar e acreditar no que está dizendo, ou seja, se você acreditar no resultado efetivo do que está falando, por influência da energia que você vai carregar na frase, a fala vai ser intensificada pelo sentimento de confiança no acontecimento e à medida em que você for comprovando os acontecimentos, sua confiança também vai aumentar.

Assim, você vai ter aquele sentimento que ocorre quando você tem certeza de algo e o transmite com toda convicção, pois sabe do que está falando e tem certeza daquilo.

No caso das frases com palavras positivas faladas em voz alta e carregadas de gratidão, você, quando estiver no início do treinamento, não vai acreditar, mas com o passar do tempo, com a prática e a constatação dos resultados obtidos, você vai adquirir essa confiança e aí vai poder acreditar no resultado.

É muito simples, apenas diga em voz alta a frase que quiser e espere o resultado.

Seria como chegar a uma loja e pedir um produto que você sabe que a loja tem e que eles vão te vender, você não percebe, mas confia plenamente no resultado e nem se preocupa com essa questão, porque tem certeza que vai ser atendido no seu propósito.

Com as palavras faladas é a mesma coisa.

Entretanto, usando a mesma comparação, perceba também que, se você já teve algum desentendimento com uma ou mais pessoas naquela loja, a possibilidade de eles não te venderem o que você quer é grande, ou seja, se o seu comportamento não é bom o suficiente para fazer de você uma pessoa sem gratidão, isso faria com que você também não tenha certeza dos resultados.

O exemplo acima foi apenas ilustrativo, pois o fato de você ter tido um desentendimento em uma ou mais lojas não faz de você uma pessoa ruim, apenas deixa transparecer a sua personalidade, afinal, qualquer um pode criar um casinho aqui ou ali de vez em quando. O exemplo foi usado apenas para ilustrar situações em que você tem certeza ou não tem certeza de um resultado e para reforçar o entendimento do que seja acreditar naquilo que você fala e deseja.

Ao contrário, se você não acreditar no que está dizendo, ou acreditar que não vai acontecer, embora as palavras por si só já façam surtir alguns efeitos, elas vão soar como mentira e a força das suas palavras poderá ser comprometida.

Imagine um competidor que vai para uma disputa acreditando que não pode ganhar ou que não vai ganhar. Ele se inscreve na competição, treina e comparece à disputa, mas está convicto que não poderá ganhar. Se ele não acreditar que pode ganhar, não faz sentido que ele esteja competindo e ele não vai ganhar.

Quero dizer, ele teve várias partes do sonho realizadas, mas não conseguiu realizar o sonho totalmente, porque não acreditou.

Talvez pareça difícil aceitar a ideia da crença de forma tão imperiosa se você não tem certeza que vai conseguir que suas palavras sejam reconhecidas e atendidas. Contudo, eu te garanto, funciona!

Funciona comigo e vai funcionar com você!

Apenas fale e acredite no resultado. Simples assim, como se suas palavras tivessem o poder de transformar e acredite, elas têm!

Com o tempo, ao praticar as palavras positivas com gratidão e confiança, você vai perceber que a ideia pré-concebida passa a ter uma característica muito marcante e vai acontecer como você disser.

O que você estiver dizendo, em voz alta, vai acontecer, entre outros motivos, porque o cérebro, que é a sede da Mente e participa dos seus pensamentos, não costuma diferenciar imaginação de realidade.

Com o passar do tempo, "acreditar que vai acontecer" será natural, porque você vai comprovar os resultados e ver que aconteceu realmente do jeito que você planejou, agradeceu e acreditou.

A única ressalva que eu preciso fazer é que aquilo que você disser tem que estar no plano das possibilidades, ou seja, do que é "efetivamente possível".

Melhor dizendo, aquilo que você quer tem que ser passível de acontecer de fato, na vida e no mundo real.

Por exemplo, não adianta querer pular de um prédio alto, falando, agradecendo e confiando que vai chegar no chão são e salvo, porque isso não vai acontecer. Não vai acontecer porque isso não é efetivamente possível. Então, acredite, fale e agradeça a coisas factíveis e possíveis.

7 – O poder se orienta no bem

Existem várias questões que são abordadas por todos os tipos de pessoas o tempo todo, relacionadas a perspectivas de comportamentos ou julgamentos relativos à qualidade do que é bom, do que é mau ou do que é o bem e do que é o mal e, ao longo da história humana, percebemos que existe sempre uma tendência do bem suplantar o mal.

Mesmo nas manifestações da arte, que se inspiram nas situações cotidianas humanas, o bem sempre está a frente ou acima do mal. São bastante conhecidos os casos e vários são os exemplos da prevalência do bem sobre o mal, o que nos comprova que o bem sempre vence e que o bem sempre terá prioridade na condução dos fatos e das pessoas.

Podemos considerar que os conceitos de bem e de mal são relativos, mas quando analisamos os movimentos naturais, vemos que a própria natureza premia em várias situações o bem e o que é bom.

Quando uma fêmea de qualquer espécie não humana, cuida adequadamente da sua cria, sabemos que que esta é uma manifestação natural do bem.

Quando o nosso organismo fecha uma ferida em alguma parte do corpo, resolvendo a lesão, isso também é uma manifestação natural do bem.

Quando uma planta é germinada e, a partir de uma semente, começa o crescimento e o desenvolvimento de uma árvore frutífera, estamos diante de uma manifestação natural do bem.

Quando um casulo, que é feio, dá origem a uma linda borboleta, isso também pode ser considerado como uma manifestação natural do bem.

Sabendo disso, ou seja, que o bem prevalece sobre o mal, a base de tudo o que você falar deverá estar, preferencialmente, baseada no bem.

Não estou dizendo para você ser uma espécie de divindade, repleta de bondade, de honestidade, empatia e beleza, não é isso.

Não é uma questão de julgamento, é uma questão de constatação de coisas boas, de manifestações de bem. Estou tentando demonstrar que o poder da mente se orienta pelo bem, pelo que é certo, sem julgamento, mas por princípios lógicos e aplicações naturais.

Isso quer dizer que uma pessoa que quiser usar o poder da mente, dizendo palavras positivas, agradecendo e acreditando no resultado, mas apoiado sobre uma base comportamental ou emocional sem qualidade, ou seja, com intenções, desejos e atitudes que não estejam dentro da lógica do bem, da lógica da natureza e da vida, não vai ter o êxito que espera ou deseja. Não vai ter êxito pela simples razão de que o bem tem prevalência, o bem se sobressai, o bem impera.

O Criador fez tudo pensando no desenvolvimento, no crescimento, no aprimoramento, no bem natural, no certo sob o ponto de vista natural, não no mal, no desvio, no errado ou no descaso. Ele criou tudo isso motivado pelo resultado positivo da experiência, o que não é difícil de entender.

Ninguém faz algo para dar errado.

Quem faz ou pretende fazer alguma coisa, sempre faz apoiado no acerto, faz para dar certo, para ter sucesso e o sucesso está diretamente aliado ao bem

Não é questão de você fazer um julgamento, é uma questão de posicionamento, de você saber o que é o bem e o que é o mal. Por isso a orientação da Energia do Poder é baseada no bem, no certo e no positivo, pois o objetivo está sempre ligado ao que é bom, ao bem e aos bons resultados de tudo.

Preste atenção, quando você pensa muito, fala muito ou vibra muito em relação a uma situação qualquer, ainda que seja uma coisa ou situação negativa, essa vibração é emanada energeticamente e captada pelo SOU, que retribui e te devolve aquilo que você está manifestando para você mesmo, porque ele conclui, de forma lógica, que é aquilo que você quer. Talvez você não esteja "querendo", mas está falando e vibrando, e para o SOU falar, vibrar e querer são a mesma coisa.

Ninguém quer coisas ruins para si mesmo, então, seguindo essa lógica, se você fala ou vibra a respeito de uma coisa, vai ser percebido como se você estivesse querendo aquilo e, por isso, vai receber.

Por exemplo.

"Não quero cair do telhado."

Observe essa frase, o que é que mais aparece?

O que aparece mais é "quero cair do telhado", o "não", no caso, é a menor parte. Além disso, a palavra "não", não tem uma representação física associada, quer dizer, ela não pode ser representada por nada, senão, vejamos:

Se eu digo "mesa", você imagina uma mesa.

Se eu digo "cavalo", você imagina um cavalo.

Seu digo "telhado", você imagina um telhado.

Se eu digo "cair", você imagina a precipitação de alguém ou alguma coisa para baixo.

Se eu digo "não", você não consegue imaginar nada que represente alguma coisa.

No contexto da frase e da fala, seria como se a palavra "não" não existisse e o que sobra é o que pode ser representativamente entendido, ou seja, "quero cair do telhado".

Para complementar esse raciocínio, tente falar rápida e repetidamente a frase "não quero cair do telhado" e você vai perceber que o "não" acaba meio que desaparecendo da frase.

Numa outra vertente, mas seguindo o mesmo entendimento, estão os seus pensamentos, os seus sentimentos, as suas palavras e as suas vibrações, dirigidas ou manifestadas para outras pessoas, ou seja, por pura interpretação da lógica energética, tudo o que você desejar para as outras pessoas, vai acontecer com você, porque o SOU entende que o que você vibra é o que você quer.

Notadamente e com certeza, você não vai desejar o mal a si próprio, mas poderia, por palavras, pensamentos e sentimentos, inescrupulosamente, desejar algum mal a outra pessoa ou outras pessoas. Nesse caso, sua energia vai se comunicar com o SOU e, além da sua má intenção não atingir o outro, ainda vai voltar para você, com base na sua própria manifestação, ou seja, se você está pensando, sentindo ou falando aquilo, é porque você está de acordo com aquilo e deseja para si.

Por falar nisso, cumpre informar que a Energia do Poder não se presta para fazer ou propagar o mal, afetar ou atingir outras pessoas, porque é uma plataforma que foi criada para te ajudar a providenciar o que você deseja e manifesta, de forma lógica e positiva.

A Energia do Poder ou o poder da Energia é algo que foi feito para utilizamos em nós mesmos, não nos outros, pois é a sua vida que interessa para você, não a vida dos outros. A curtíssima distância, as únicas pessoas cujas vidas você consegue influenciar positivamente com o poder da sua mente são aquelas bem próximas que fazem parte da sua família, que moram com você ou que estão ao seu lado por algum motivo.

É por isso que eu costumo dizer que quem está comigo está protegido, porque eu faço uso da minha influência mental e do meu poder para proteger a mim mesmo e, por consequência, quem estiver comigo acaba beneficiado também.

Entenda que você não precisa fazer uso da Energia do Poder para fazer o mal. O mal se faz direta e concretamente, basta iniciar suas más ações e suas más atitudes na prática. Se essa for a sua intenção, vá lá e faça, mas, claro, saiba que vai ter que assumir as consequências.

Na prática, saiba que, se você tiver sucesso ou influência no prejuízo de alguém, pela existência do SOU, tudo o que você fizer ou desejar para os outros vai acabar voltando para você mesmo, em função dos conceitos já explicados.

No plano energético, suas ações negativas vão se propagar em outra frequência, que poderíamos chamar de frequência do mal. Nesse caso, o que você vai receber estará baseado na frequência em que você atua ou atuou, pela ação energética da lei da atração, ação, reação e ingratidão.

Não tem como você plantar um pé de manga e querer colher abacaxi.

Você sempre vai colher os frutos iguais ou relativos aos que você plantou, ou seja, se você pensar ou desejar o prejuízo do outro, vai acabar por prejudicar a si mesmo.

É assim que funciona, não tem como ser diferente, pois não é e não seria lógico.

8 – O poder se baseia no seu interior

Toda estrutura é feita sobre uma base.

Não é possível fazer um pão ou um bolo bom, se a massa for ruim.

Se o terreno não é bom, ou seja, a base não é boa, dificilmente coisas boas poderão acontecer e essa base não será uma fonte de sucesso e prosperidade.

É a lógica.

Isso quer dizer que o fato de certas pessoas terem ou conseguirem uma quantidade maior de coisas ou mais coisas boas que outras, isso se baseia justamente na diferença da qualidade do "conteúdo interior" dessas pessoas.

Eu não sei o que se passa dentro de você e da sua Mente, mas você com certeza sabe.

Para exemplificar com um exemplo grotesco, podemos citar o fato de que muitas vezes um assassino, antes de ser desmascarado, comparece ao enterro da vítima e lamenta com os familiares aquela morte. Ninguém sabe que ele é o responsável por aquele drama, mas ele sabe.

Essa falsidade engana aos outros, mas não engana ele próprio, nem engana o sistema energético, o SOU - Sistema Organizado Universal.

Nesse sentido, se algumas coisas não estão dando certo na sua vida, seria importante você fazer uma reflexão e um exame interior sobre seus conceitos, seus pensamentos, sentimentos e atitudes em relação às outras pessoas e às coisas, ou seja, você deve refletir sobre sua relação com o mundo exterior.

Tem gente que mata baratas, ratos e outros seres porque eles são nojentos, desprezíveis, insignificantes e frágeis, no meu entendimento isso não é bom, mas de qualquer forma eu não vou julgar você e também não vou julgar seus atos.

Quero te lembrar que tudo é feito de energia, então aquele não é um ser insignificante, é uma energia manifestada em um ser, aparentemente insignificante, mas que de alguma forma tem seu valor e sua importância no contexto geral de tudo o que foi colocado no mundo pelo Criador.

Na prática, quando alguém afeta ou elimina um ser, esse alguém está demonstrando seu desprezo e sua falta de respeito pela criação do Criador e portanto, sua ingratidão para com a vida e as condições gerais da vida.

Seus compromissos com a vida, com o planeta e com a sua existência pertencem somente a você e só interessam a você, a mais ninguém, é por isso que não nos cabe julgar e é por isso que eu não julgo ninguém.

No meu modo de ver, cada um pode usar seu livre arbítrio para fazer o que bem entender, até matar, mas deve estar ciente da responsabilidade existencial de seus atos.

Eu, humildemente, apenas desejo chamar sua atenção para o que está dentro de você e como você trata o mundo que o cerca. Você poderá agir como quiser e poderá até enganar milhões de pessoas, mas não poderá enganar o SOU, porque ele capta a energia que você emana e não o registro de suas atitudes circunstanciais.

Do ponto essencial, todos nós somos iguais e, por essa e outras razões, obtemos nossas conquistas a partir dos nossos próprios meios, com base em nossa força, nossos compromissos, nosso poder e nossos méritos.

Eu não quero te amedrontar.

Eu quero te alertar de que tudo no planeta é feito e conduzido à base de energia, portanto eu sei e você deve saber que você vai ser afetado por tudo o que manifestar. Nesse sentido, seja uma pessoa cuidadosa e observe suas manifestações.

Nesse ponto do livro, eu acredito que posso dizer que já te apresentei o caminho e te forneci as ferramentas. Agora só me resta sugerir que você faça bom uso do seu conhecimento e do seu poder.

Resumindo, saiba que o poder vem do Criador, é constituído de energia, instala-se na mente, manifesta-se pelas palavras faladas em voz alta, fortalece-se pela gratidão, intensifica-se com a confiança, orienta-se pelo bem e baseia-se no seu interior.

Consequentemente, se você utilizar o método apresentado, sendo uma pessoa grata, confiante e mantiver boas intenções, você receberá o que merece receber, de acordo com suas palavras, sua transparência, suas vibrações e sentimentos.

Assim, mantenha suas vibrações firmes e positivas.

CAPÍTULO 36

CÓDIGO ENERGÉTICO

No decorrer do crescimento da humanidade e da evolução social, constatamos que os seres humanos foram capazes de desenvolver e realizar muitas coisas incríveis.

A própria roda, esse simples instrumento que está presente em todos os campos de atuação e desenvolvimento humano e que hoje é vista como um objeto banal, é uma das maiores invenções da humanidade.

Desde o passado mais remoto muitas pessoas podem ter ser perguntado como as coisas acontecem e agora você está descobrindo que as coisas acontecem a partir da emanação da energia individual e coletiva.

Tudo emana da energia.

A energia é a essência do ser, da vida e das comunicações.

Tudo se comunica muito além dos sinais, palavras, sons ou gestos e avança pelo caminho desconhecido da comunicação natural e universal, silenciosa, invisível, imperceptível, que é realizada por meio da energia.

Talvez você não saiba, mas você está sempre interagindo e se comunicando energeticamente, com tudo e com todos cuja frequência você alcança.

Essa comunicação é feita e é possível através do SOU – Sistema Organizado Universal, pela leitura sistemática que utiliza aquilo que eu chamo de Códigos Energéticos.

Esses Códigos Energéticos avaliam o campo de formação, identificação, utilização, atuação e ação da energia, dando sentido, forma, intensidade, conteúdo e importância às coisas e aos acontecimentos, conforme as características da energia que foi emanada.

A pessoa que conseguir entender e aceitar essa manifestação de comunicação natural, que até o momento, ainda não foi detectada, percebida ou registrada, vai experimentar soluções incríveis e inimagináveis para a própria vida, que permitirão alcançar aqueles resultados sempre desejados ou esperados.

O universo, como se sabe, é bem grande e o nosso Criador, quando o criou, não pôde fazer uso de outra coisa, senão da energia e de seu próprio poder energético, já que ele não dispunha de materiais, ferramentas ou mão de obra, capazes de fazer esta grande obra.

Evidentemente, como tudo foi feito a partir da energia, tudo continua sendo administrado, movimentado e criado a partir da energia.

Tudo em você e na vida é formado, revestido e permeado por energia.

Consequentemente, existe uma comunicação energética efetiva e natural entre você e as outras pessoas e também entre você e as outras coisas com as quais você interage ou quer interagir.

Por outro lado, muitas vezes você se comunica também com aquelas situações, coisas ou pessoas, com as quais você nem queria se comunicar, mas que acabou se comunicando, através de suas vibrações e emanações energéticas.

Considere também que o uso da energia funciona melhor com o que está mais próximo, mas você tem total condição de estabelecer comunicação energética com coisas, pessoas e situações distantes ou muito distantes.

Eu reconheço que as pessoas ainda procuram entender o mundo e continuam tentando encontrar respostas em todos os campos das relações humanas, mas as pseudorrespostas eventualmente obtidas, costumam não ser claras, eficientes ou precisas, não podendo serem consideradas desta forma como respostas significativas.

Uma das perguntas que abrange o tema da comunicação energética é sobre como essa comunicação se estabelece, ou seja, como ela é possível.

Em sentido amplo, essa comunicação se estabelece através de Códigos Energéticos.

Nós, atualmente, no dia a dia, já convivemos com vários tipos de códigos, como por exemplo os códigos de barra, que são lidos a partir de luz e os códigos QR, que são lidos a partir da captação de sua imagem.

Fica fácil de presumir então que se nós mesmos, que somos parte da obra do Criador, já fazemos isso, se nós desenvolvemos e temos essas tecnologias, imagine se seria difícil para o Criador estabelecer um sistema baseado na comunicação energética.

Claro que não, o Criador pode tudo, sabe tudo, faz tudo.

Então, falar neste livro sobre Códigos Energéticos, num momento em que ainda não existe nenhuma comprovação científica da existência desses códigos, pode parecer um pouco estranho, mas nós podemos estar certos de que essa comprovação virá em algum momento no futuro e será, no seu tempo, uma das maiores descobertas da humanidade, que mudará radicalmente o modo das pessoas verem o mundo e a existência humana, levando a humanidade a encarar a vida de forma completamente diferente.

Você sabe, assim como antes, na antiguidade, não se tinha tantas coisas nem tantos avanços como temos hoje. Depois foram sendo feitas as descobertas, uma após a outra e vários tipos de energia foram surgindo.

Além da energia elétrica, tão comum, tão utilizada e tão conhecida em nosso meio, temos também outros tipos de energia, como a energia mecânica, que pode ser cinética ou potencial e gravitacional ou elástica, a energia térmica, a energia química, a energia nuclear e, mais recentemente, a energia solar, um tipo de energia que é absorvida a partir dos raios solares, que podem ser sentidos, mas que normalmente não podem ser vistos.

Perceba que as características energéticas são muito parecidas e independentemente de você não poder ver as energias, como a energia elétrica ou a energia contida nos raios solares, elas existem, estão presentes e afetam ou modificam coisas e situações aqui na Terra.

A luz do sol enquanto energia, não faz apenas clarear e esquentar o dia, mas também é capaz de carregar baterias, o que permite o funcionamento e a transformação de coisas no nosso cotidiano.

Dessa forma dá para entender que existe uma comunicação entre a energia do tão distante sol conosco aqui na Terra, tanto que, a tão grande distância, baterias são carregadas com sua energia.

Também existe uma comunicação da energia elétrica gerada lá na usina, tanto que nossos aparelhos funcionam a partir de cabos que se comunicam e chegam às nossas casas.

Com esses pequenos exemplos podemos presumir que existem muitos tipos de energia, que sequer imaginamos, que a comunicação energética existe, que ainda somos muito limitados no entendimento das questões energéticas e de comunicação, que devemos ter a "mente aberta" para assimilar e aceitar um universo de possibilidades e que a capacidade e o poder do Criador não tem limites.

ENCERRAMENTO

Através do uso de ferramentas que levam à manutenção do Poder da Mente, ao iniciar este livro, meu objetivo foi o de compartilhar um conhecimento que faz as coisas darem certo, para finalmente alcançar a felicidade plena.

Ao escrever esse livro, a ideia não foi obviamente a de criar pessoas com super poderes ou de formar pessoas que pudessem atingir patamares super elevados em todas ou qualquer área da atuação humana.

O propósito deste livro sempre foi o de transmitir uma teoria e uma prática que pudesse proporcionar boa qualidade de vida a todas as pessoas ou a qualquer pessoa.

Entretanto, aquele tipo de gente que é autossuficiente, que já sabe tudo, que tem bastante dinheiro, que age com relativa arrogância, não vai dar o devido valor a este livro e, nesse sentido, este conteúdo talvez possa ser mais bem aproveitado, por pessoas simples, medianas, que fazem parte de uma maioria, que muitas vezes não tem acesso a outros recursos externos que lhes possa trazer uma vida mais confortável e mais segura em seus diversos aspectos.

Estou querendo dizer que talvez as pessoas mais humildes e que se sentem de alguma forma desamparadas, poderão encontrar na teoria da Energia do Poder, uma sustentação mais plausível e necessária para se fortalecerem e se sentirem mais válidas, valiosas, ajustadas e felizes.

Pelo acesso às informações trazidas aqui, acredito que este livro pode ajudar mais justamente as pessoas que mais precisam de um alento e de uma proposta mais factível, para tirá-las daquela insegurança existencial.

Evidentemente e não obstante, o conteúdo desse livro pode e deve ser aproveitado por todos.

Em resumo, desejo que todas as pessoas sejam mais felizes, mais preparadas e mais bem sucedidas em tudo com o que se envolvam na dinâmica de seu cotidiano, sem surpresas ou fatos negativos, por, a partir de agora, conhecerem como são formados os acontecimentos.

Para mim, falando modestamente, o que ocorre a partir da leitura da teoria e da colocação na prática do uso das ferramentas apresentadas na Energia do Poder, é o estabelecimento de uma autoproteção, de uma significativa blindagem geral e um acréscimo na sua capacidade e na sua autoconfiança.

Por se sentir mais confiante, com os pés mais ligados a um solo firme, a pessoa se torna mais forte, se sente muito mais serena, mais segura, mais convicta, mais determinada e mais objetiva.

E por adquirir a segurança física e psíquica de quem sabe exatamente por onde está andando e por ter a certeza de saber como vai ser o desdobramento ou o resultado de cada dia vivido ou de cada etapa percorrida, essa pessoa vai experimentar uma satisfatória sensação de poder, e isso, meus prezados leitores e leitoras, não tem preço.

Sinto-me empolgado por ter chegado neste ponto.

Saiba que as dúvidas e as ameaças são uma constante em nossa vida e é justamente contra as dúvidas e contra as ameaças que temos que lutar, em batalhas diárias do nosso cotidiano, que efetivamente só poderão ser vencidas com a capacidade de saber usar corretamente o Poder da Mente pela aplicação da Energia do Poder.

São várias as situações onde eu consigo perceber claramente, que só o uso do Poder da Mente, com base nesta tradução elaborada a partir da forma teórica e prática da Energia do Poder, é que pode nos dar a oportunidade de não passar por situações desfavoráveis e, ao contrário, ter muito mais sucesso em tudo.

É o conhecimento aqui adquirido e colocado na prática, que vai te dar a oportunidade de ser bem sucedido nos caminhos que você escolher.

Nesse final, sinto que estou entregando um bem que já faz parte da minha vida há muitos anos. É algo como lançar uma nave, com um filho seu dentro, rumo ao longínquo espaço desconhecido, sem saber o que vai acontecer depois, o que provoca uma expectativa que envolve ansiedade e otimismo, numa jornada que tem seu próprio seguimento e tudo para dar certo.

Quero mais uma vez agradecer ao Criador, nossa fonte de energia, poder e sabedoria. Muito obrigado.

Quero agradecer ao meu corpo, à minha Vida e à minha Saúde, que me possibilitaram chegar até aqui.

Obrigado também aos meus pais e especialmente à minha mãe.

Obrigado também aos meus antepassados, à minha família, aos amigos, aos colegas e às pessoas, pelas relevantes e significativas contribuições para o meu desenvolvimento.

Agradeço especialmente também à minha fiel companheira Cláudia Gatti, por sua inestimável presença.

Finalmente, eu desejo que o conteúdo deste livro chegue ao maior número de pessoas possível, que seja usado para o bem e seja traduzido para todos os outros idiomas.

Compartilhe.

Muito obrigado.

Eduardo Saturnino de Almeida
O autor